AF438949

Germán Arciniegas

Los comuneros I

Barcelona **2024**
Linkgua-ediciones.com

Créditos

Título original: Los comuneros.

© 2024, Red ediciones S. L.

e-mail: info@linkgua-ediciones.com

Diseño de cubierta: Michel Mallard.

ISBN tapa dura: 978-84-1126-216-3.
ISBN rústica: 978-84-9007-680-4.
ISBN ebook: 978-84-9007-378-0.

Cualquier forma de reproducción, distribución, comunicación pública o transformación de esta obra solo puede ser realizada con la autorización de sus titulares, salvo excepción prevista por la ley. Diríjase a CEDRO (Centro Español de Derechos Reprográficos, www.cedro.org) si necesita fotocopiar, escanear o hacer copias digitales de algún fragmento de esta obra.

Sumario

Prólogo

Los alzamientos de la plebe en la segunda mitad del siglo XVIII indican que mucho antes de estallar la guerra de independencia había en el pueblo un fermento de rebeldía y un deseo de emancipación que condujo a una de las más grandes revoluciones de nuestra América. Sin este antecedente sería imposible explicar la inmediata acogida que se dio en 1810 a los caudillos que hicieron un llamamiento a la guerra. El grueso de las tropas libertadoras lo formaron siempre los de las clases más humildes. Quien siga el desarrollo de la primera, y seguramente la más grande campaña de Bolívar, cuando saliendo de Cartagena en 1812 se internó por el Magdalena, remontó los Andes y vino a caer sobre Venezuela, en el más atrevido y sorpresivo de los movimientos militares, se admirará de cómo fueron integrándose sus tropas con negros, mulatos, andinos o cobrizos, que al final de casi tres siglos de dominio colonial, sin vacilar, dejaron sus tradicionales tareas para correr tras las banderas de la revolución. La voz de Bolívar era ciertamente magnética, pero su magnetismo tocó un cuerpo tan dispuesto a saltar como un resorte, que ya antes de oírlo a él se había lanzado, por sí mismo, a una aventura semejante, si no más arriesgada. Esta vez, al menos, acompañaba al pueblo la presencia de todo un señor de Caracas.

La guerra fue la etapa final de un proceso de medio siglo. Primero ocurrió la revolución de los comuneros, en 1780. Luego vino una nueva generación de universitarios, que recibieron la descarga de la Ilustración, y que al abrirse nuevos horizontes intelectuales hicieron causa común con el pueblo. Por último, en 1810, se dio en los cabildos la voz de alarma, y se declara en rebeldía las capitales, repitiendo el mismo grito de los comuneros. Se declaró entonces una guerra en que los generales eran civiles exaltados en las tertulias secretas, en el fondo clandestino de las conspiraciones. Los soldados, gentes que llegaban de los campos al mercado, con la pata al suelo. El cuartel fue el campo raso. El uniforme, no tenerlo.

Como telón de fondo del levantamiento de 1810, debemos, pues, considerar las revoluciones de la plebe, con todo su colorido de montoneras iluminadas. Es cierto que los comuneros del Paraguay fueron vencidos, como se volvió cuartos a Túpac Amaru en el Perú, como no quedaron en nada los levantamientos de Latacunga en el Ecuador, como Galán en la Nueva

Granada sufrió un horrendo suplicio, como de las revueltas de Mérida en Venezuela no subsistió sino el doloroso recuerdo. Pero lo que no se perdió fue la esperanza. Lo que quedó flotando e incitando fue el deseo. La plebe fracasó, y fracasaron los indios, porque carecían de expertos conductores. Era imposible para ellos defenderse de las celadas de los oidores, de los arzobispos, de los gobernadores. En el desarrollo de la gesta famosa hay momentos en que conmueve la bravura heroica, y momentos en que inspiran ternura sus ingenuidades. Es el capítulo más entrañablemente humano de nuestra historia. Su encanto está en que nos familiariza con las manifestaciones infantiles de un proceso que va a terminar con el derrumbamiento del imperio español en América.

•••

En Colombia, hasta no hace ochenta años, cuando se estaba más cerca de los tiempos de la revolución, la fecha del levantamiento de los comuneros del Socorro se tenia por fiesta nacional. Luego vino apagándose este recuerdo, para poner todo el entusiasmo en el momento en que aparecen los generales uniformados, a quienes se señala como padres de la revolución, cuando en realidad no fueron sino los hijos, los instrumentos que al final de todo forjó el mismo pueblo. En la historia oficial se quiere que el punto de partida sea el grito que —ial fin!— se dio en las capitales. Sin embargo, del estudio directo de la revolución aparece claro que la chispa partió de la provincia. La capital estaba dominada por los intereses creados, adormecida por los abogados, corrompida por la corte. Si Caracas tuvo el papel que tuvo en 1810 fue por ser provincia, no por ser la capital del virreinato. En México el cura Hidalgo levantó al pueblo en Dolores, y la guerra fue una larga marcha de las provincias para someter a la capital, reducto de monarquistas hasta los días del emperador Maximiliano. En Santa Fe de Bogotá hubo más arcos de flores para recibir al pacificador Morillo, que para Bolívar, vencedor de Boyacá. Lima fue el último obstáculo que tuvieron que vencer los ejércitos combinados del sur y del norte para sellar la independencia.

En rigor, puede decirse que la revolución de independencia aún no ha terminado. La guerra que culminó, como guerra, en Ayacucho, para el sur, y en el Cerro de las Campanas para México, es la parte violenta y marcial de un proceso mucho más largo, que comienza con los comuneros, y que no terminará sino cuando queden definitivamente vencidos por un régimen democrático y republicano los intereses de los herederos de la corona, de las oligarquías que han conservado el predominio y la prepotencia como legado del imperio español. Aún queda viva la expresión de los comuneros de 1780, que, reclamando un gobierno para el pueblo, dejaban lo del rey como adorno sin importancia e insistían en lo substancial: ¡Que viva el rey, y muera el mal gobierno!

•••

Este libro nació de un estudio directo de los documentos que se conservan en el archivo colonial de Bogotá. Seguí tan de cerca los originales que muchas páginas no son sino transcripciones hechas, palabra a palabra, de los expedientes. Lo que se encuentre aquí de lenguaje arcaico no debe abonarse a lo castizo del autor, sino al habla campesina que quedó intacta en declaraciones, órdenes, boletas que llevaban los postas. En algunos casos he conservado hasta la ortografía, o la falta de ortografía, para dejar más fresco el colorido, y si no adopté esto como norma fue por no llegar a un extremo fastidioso. Lo que maravilla es ver cómo, dentro de un archivo, ha podido conservarse con tanta frescura una revuelta cruda y pintoresca, espontánea y campesina, tan profundamente humana como la de los comuneros.

Cuando inicié la lectura del proceso, me sentí maravillado, y algo de lo que pasó en mi tuve la suerte de poderlo transmitir a pintores, escultores, poetas, dramaturgos, que en los últimos veinte años han venido sacando la gesta de Galán en frescos, bronces, poemas y obras de teatro que renuevan la gloria del gran caudillo popular. Aun fuera de Colombia se han renovado estos homenajes. Baste recordar la obra teatral de Archibald Mac Leish *Los Comuneros*, inspirada en este libro. De otra parte, en Colombia se han producido contra mi obra cuando menos dos libros tan enconados, que siendo solo diatribas de sabor personal, tienen apenas un interés secundario.

Después de veinte años de escrito este libro, lo he corregido en los puntos en que de veras he hallado errores. En lo substancial, tengo el gusto y la pena de no haber cambiado nada, por no tenerlo que cambiar. Quienes han combatido contra estas páginas, unos litigan en favor de los capitanes, queriéndolos salvar, y otros, casi todos, en favor del arzobispo-virrey, el señor Caballero y Góngora. He vuelto, muchas veces, a revisar el proceso de los unos y del otro, para hallarlos cada vez peor. Peor, es decir, más distantes de la causa del pueblo y más doble y falaz el arzobispo.

•••

El arzobispo-virrey pertenecía a la escuela del despotismo ilustrado. No pocas de las obras de progreso de la época se deben a su iniciativa, o a su ayuda. Como político, seguía las fórmulas que aconsejaba Maquiavelo para el príncipe: «De cuán laudable sea para un príncipe mantener la fe y vivir con integridad y no con astucia, cualquiera lo entiende: no en vano se ve por experiencia que en nuestros tiempos los príncipes que han hecho grandes cosas son aquellos que han tenido en poco la fe empeñada, y que han sabido mover los cerebros de los hombres con la astucia; ellos han superado, en último término, a quienes se han fundado en la lealtad... Un señor prudente ni puede ni debe observar la fe (es decir: el juramento), cuando tal observancia se vuelva contra él y ya no valgan las razones que le obligaron a empeñarse. Si todos los hombres fuesen buenos, este precepto no seria bueno; mas, como son dañados y ellos no observarán la palabra contigo, tú no tienes por qué observarla con ellos. Ni jamás faltarán a un príncipe razones legitimas que le den color a su inobservancia... Alejandro VI no hizo otra cosa, ni jamás pensó sino en engañar a los hombres, y siempre encontró maneras de hacerlo. Y nunca hubo otro que tuviese mayor eficacia en aseverar, y que con mayores juramentos afirmase una cosa, ni quien la observase menos...» Así, Caballero y Góngora.

Procedió nuestro arzobispo-virrey a la altura de los caballeros, de los reyes y del papa Alejandro VI. Llevaba, según el viejo romance, la traición en el apellido:

...ombres traydores
los de a cavalo, man non los peones.

Cuando el rey Alfonso el Sospechado se encontró en el aprieto de Santa Gadea oyó la voz de su rango que le decía:

Haced la jura, buen rey;
no tengáis otro cuidado;
que nunca fue rey traidor
ni papa descomulgado.

En la historia de España es famoso el juramento de Francisco I, con que logró salir de las prisiones en que le tenia Carlos V. En cuanto se sintió seguro en Francia echó el juramento por la borda. A veces los franceses fueron más cuidadosos, y Luis XI le escribía a Lorenzo el Magnifico para que intercediera ante el Santo Padre a fin de que le desligara del juramento que había prestado a su hermano el duque de Guienne. Pero si entre rey y rey faltar al juramento era de uso corriente, ¡qué podía ligar a un arzobispo-virrey por juramentos hechos a la plebe!... La rendición de Granada en 1492 se logró, en parte, por las promesas de tolerancia hechas por los reyes católicos, que enseguida fueron violadas. En México, cuando Morelos parecía victorioso, y se aprobó la constitución de Chilpancingo, el señor Ibáñez fue a felicitarlo a la cabeza del Cabildo, y como sacerdote juró obediencia al congreso, recibiéndolo en el presbiterio de su iglesia catedral. Más tarde decía el ilustrísimo señor Ibáñez: «Ellos podían mandar en los movimientos corporales, mas no en los mentales.

Por eso apliqué en lo interior la misa no por sus banderas y sus armas, sino por las de nuestro amado rey... Todos juramos exteriormente aquella obediencia con risa y desprecio interior.»

El dar la mayor solemnidad a los juramentos fue siempre el camino más seguro para que cayeran en la trampa los ingenuos. Oliveira Martins cuenta este episodio, hablando del arreglo entre los hijos de don Juan I y don Pedro II. Obtenida la anuencia de don Pedro se redactó una fórmula de acuerdo, que se firmó ante notarios, y para mayor solemnidad, sobre un altar. Pero los juramentos y las firmas se hicieron acompañados de tales reservas y palabras cautelosas, que bien mostraban la intención de quebrarlos sin peligro en caso necesario. Había una común superstición fetichista en las firmas y juramentos, siendo común también la falsedad, ordinaria en el género humano. Querían poder mentir sin perjurar...»

En otras palabras, y para no continuar con ejemplos que forman legión, lo que dijo Maquiavelo fue más resumen de tradición que doctrina original. Para nosotros, con todo, educados en lo de no pronunciar el nombre de Dios en vano, es penoso comprobar que, en el camino de apagar todo brote de independencia, el arzobispo engañó al pueblo, arruinando de paso, por necesidad política, la moral religiosa. Los propios defensores del arzobispo, como don Eduardo Caballero Calderón, al exaltarlo, lo desnudan: Qué podía pesar más para un político español, ambicioso y de agallas: la grandeza del reino o los reclamos de una plebe cobriza que regaba su dolor por los campos todavía enmantados y feraces de la colonial ¿Podía un prelado pararse en pelillos, en juramentos y en promesas, cuando se trataba de salvaguardar esa magnifica presa de la silla romana, que eran estos pueblos sin desasnar, que sudaban oro para el cepillo insaciable de las iglesias? «¿Y un hombre que había traído de México, joyas, sedas, cuadros y libros podía darle alguna importancia al hecho de adquirir compromisos ante el generalísimo Berbeo, que escasamente sabía firmar, y con quien su señoría no podía departir sino sobre la sal gema o los bocadillos de Vélez?»

Si el arzobispo, en efecto, al violar primero los juramentos y luego el indulto por él mismo publicado, procedió como un rey o como un gran señor, esto no quita el que para nosotros los reyes o los grandes señores sean lo que son. Entre lo que son queda incluido, en caso como el de los comuneros, traicionar al pueblo y trabajar contra un deseo de independencia, así sea el más justo, cristianamente.

•••

Con estas advertencias marginales, autorizo esta nueva edición de *Los Comuneros*, con la esperanza de que su lectura resulte provechosa, como fue provechosa para el autor la lectura de los expedientes.

Muchas gracias.

G. A.

Roma, 1960.

Para hacer esta edición, el autor ha tomado como base la de 1960, editada en Santiago de Chile, revisando íntegramente el texto.

I. Los reyes

«Siempre de negro hasta los pies vestido.»
Manuel Machado

Los reyes de España no recuerdan los de las cartas de naipes. No son los de colores que animan los cuentos de niños. Rey Enrique VIII de Inglaterra, como lo pintó Holbein, es de copas o de bastos, según las circunstancias. Luis XIV, de oros. Federico de Prusia, de espadas. Los de España no son personajes taciturnos con un telón de fondo por donde cruzan frailes de pergamino o imágenes amenazadoras del demonio. Los de Europa son cortesanos: terciopelo carmesí, pedrería, cascadas de encajes que les visten de fulgurantes galas en palacios repletos de mujeres espléndidas. Los de España andan atormentados, las grávidas frentes inclinadas sobre cosas siniestras. Se cubren de luto y tienen los ojos puestos en el monasterio. La gozosa algarabía de otras cortes es asardinado compás en Madrid, en El Pardo, en El Escorial. En Italia el consejero del príncipe es liviano hasta lo picaresco y escribe comedias a la manera de Maquiavelo, como La Mandrágora o Belfagor. El rey de España vive entre un corro de inquisidores, penitentes, atormentados. Felipe II vistió treinta años consecutivos de negro. Felipe IV aparece así en el retrato de Machado:

Sobre su augusto pecho generoso
ni joyeles perturban ni cadenas
el negro terciopelo silencioso.

Carlos, gran emperador de Occidente, se recoge a la sombra del monasterio de Yuste para apagar entre el salterio de los frailes el posible fragor de su biografía.

Lo más grave en el caso de los paños negros de los reyes de España es que no los usan por especial capricho de la familia real, sino porque hay una España que ha vestido, viste y vestirá por muchos siglos de negro: lo mismo el hombre que la mujer, el mozo que el anciano. En el alma de esa España sobrevive el estilo de quienes han estado más cerca de la muerte que de la vida. Hay un fondo trágico que invita a meditar en las ánimas del purgatorio y no a gozar los desprevenidos placeres del mundo. Cuando venga el siglo XX será lo mismo: en diarios, los avisos de funerales, en la primera página, serán una muestra del furioso entusiasmo que ponen las familias en pregonar sus duelos. La fiesta de toros tiene la fuente de su emoción en el hecho de que el torero bordea en cada lance los cuernos de la muerte. La procesión de cadáveres de los reyes, que de las cuatro puntas de la Península se llevaron entre cortejos de curas y hachones chisporroteantes para depositarlos en el panteón de El Escorial, es una idea que no puede ser sino real española. A un hermoso retrato de colores que perpetúe su recuerdo como algo luminoso dentro de la historia peninsular, el rey español prefiere el mausoleo. Sus estatuas han de ser yacentes. Solo la Iglesia presenta espectáculos suntuarios, se cubre de casullas bordadas en oro y agobiadas de perlas; pero la misma Iglesia vela toda emoción gozosa con la sombra de los callados agentes del Santo Oficio y el desabrido gesto de los cardenales, cuyas manos huesudas aprietan contra el pecho un crucifijo.

En Europa —Europa no es España—, con el Renacimiento, se han desatado los lazos que ataban a la mujer y una voluptuosa sensación de liviandad calienta la crónica de las cortes, sin excluir la papal. Los reyes levantan palacios para sus amigas, y reinas y cortesanas juegan juegos de amor a la manera pagana del mundo antiguo. Al disolverse la Edad Media, Europa se complace en presentar un tipo de mujer que sea la antítesis de aquellas amas de llaves que acompañaron, fieles, al señor feudal en el castillo de muralla celosa, foso inundado y puente levadizo. La mujer de la corte española, no; es una imagen desencajada que pasa como su propia sombra por el escenario de una tragedia interior. La atracción de un hombre hermoso puede volverla loca, como doña Juana por don Felipe el Hermoso. Acude a los cilicios antes que al voluptuoso goce de las sedas. El rigor de las penitencias, la admonición del confesor, el destino funesto que los predicadores ponen como término de las acciones estrictamente humanas, cubren de rebozo sombrío el fresco rostro de las mujeres en flor.

Al oído de los grandes resuenan en España las advertencias del jesuita que odia a la mujer. La voz de Gracián, el más advertido ingenio de la Compañía:

«Fue Salomón el más sabio de los hombres, y fue el hombre a quien más engañaron las mujeres; y con haber sido el que más las amó, fue el que más mal dijo de ellas: argumento de cuán gran mal es para el hombre la mujer mala, y su mayor enemigo: más fuerte es que el vino, más poderosa que el rey, y que compite con la verdad siendo toda mentira. Vale más la maldad del varón que el bien de la mujer, dijo quien más bien dijo: porque menos mal te hará un hombre que te persiga que una mujer que te siga. Mas no es un enemigo solo, sino todos en uno, que todos han hecho plaza de armas en ella... Genión de los enemigos, triplicado lazo de la libertad que difícilmente se rompe: de aquí sin duda, procedió el llamarse todos los males hembras: las furias, las parcas, las sirenas y las arpías, que todo lo es una mujer mala. Hácenle guerra al hombre diferentes tentaciones en sus edades diferentes, unas en la mocedad y otras en la vejez; pero la mujer, en todas. Nunca está seguro de ellas ni mozo ni varón, ni viejo, ni sabio, ni valiente ni santo..., etc.»

Estas sentencias del jesuita, que taladran de pavorosas advertencias el ánimo de reyes y príncipes, se extienden sobre la vida del imperio como el último acento del mundo medieval.

•••

Así es. España llega a fines del siglo XVIII sin saborear los goces del mundo antiguo, del paganismo que inflamó al italiano del XV, y les dio a las naciones de Europa un esmalte de fina liviandad. Las riquezas que enviaron de América los conquistadores cayeron en manos de una monarquía que ignoraba el empleo mundano del oro. Los reyes seguían viviendo la vida feudal y melancólica de la Edad Media, y en vez de las agradables escenas que inspiraron a los artistas en Florencia, los pintores de Toledo dieron con esos rostros de los Felipes, que lo mismo pueden ser caras de penitentes que máscaras de reyes. El despertar de Italia, como el de Francia, es una fiesta sensual, en donde los ojos involuntariamente se dirigen a Grecia, al gimnasio, al cálido mar latino, para sentir el nacimiento musical de la Venus desnuda entre el soplo de un viento marino. En España se ve la vida del Siglo de Oro en la ronda silenciosa de nobles que pintó El Greco en el enterramiento del conde de Orgaz: nobles de una gravedad idéntica a la de los monjes de Zurbarán. Mientras Luis XIV levantaba para sus cortesanas palacios en medio de vastos jardines, y por la sala de los espejos en Versalles paseaban su imperio las carnes más ardientes que recuerde la historia del amor, el rey de España construía para sí un monasterio y coleccionaba en la helada cripta los cadáveres de sus antecesores.

En España no hubo renacimiento, porque no hubo la intención de que renaciera en la llanura castellana nada del mundo antiguo. No se tenía esa escuela de las ciudades, tan necesaria para explicarse el fenómeno de Italia, que hubiera predispuesto a las gentes para el lujo. Los reyes que fueron a la cabeza de los ejércitos en la reconquista seguían siendo los caballeros cruzados que el resto de Europa había conocido en el siglo XII y sepultado en el XIV. Eran fanáticos, supersticiosos. Llenaron de una descendencia de locos las cortes castellanas. Cuando la conquista de América derramó sobre la Península montañas doradas, esas montañas se disolvieron como la luz de la tarde sobre los retablos de las iglesias. La mayor expresión de riqueza que se mira en España la dan las procesiones de Sevilla y Toledo, que corresponden a esa suntuosidad que pinta Huizinga en el otoño de la Edad Media de los demás países europeos, nota característica de los tiempos que antecedieron al mundo moderno.

•••

En cierta carta, que don Vicente de Gangas Inclán dirigió al rey don Felipe V sobre los gastos de la casa real española, este juicioso estadista hace un inventario de lo que consumía Felipe IV en España, contemporáneo del Rey Sol de Francia. Don Vicente demuestra que los gastos de Felipe IV no pasan de 29 y medio maravedís al día, y descompone esta suma del modo siguiente:

En maravedís

Para carne	4
Para vino	4
Para tocino	1
Para aceite	1
Para vinagre	0,50
Para verdura	0,50

Para fruta verde y seca	1
Para pan, a razón	
de libra y media	
cada día	4
Para calzones,	
ropilla, ferreruelo	
y polainas en un año	5
Para tres pares	
de medias en un año	1
Para tres pares	
de zapatos en un año	1,50
Para un sombrero	
en un año	0,50
Para un jubón	
con dos pares	
de mangas en un año	1
Para tres camisas,	
una sábana y tres	
valonas en un año	1,50
Para carbón y leña	2
Para jabón	1
Total	29,50

A tiempo que este rey de España gastaba tres pares de calcetines al año, el rey de Francia consumía en su esplendor personal la tercera parte del presupuesto de la nación, es decir:

28.813.956 libras, según el siguiente detalle que trae Sombart en su monografía sobre el lujo:

En libras	
Pompa del monarca	606.999
Cuarto del rey	1.618.043
Plata (gastos	
de toilettes reales,	

joyas, etc.)	2.274.253
Pequeños caprichos (menus plaisirs)	40.850
Adquisición de caballos	12.000
Caballerizas	1.045.958
Regalos	313.928
Mayordomía de palacio (Prévoté de l'Hotel)	61.050
Caza (vénerie, fauconnerie, louveterie)	388.319
Casa de Monsieur	1.230.000
Casa de Madame	252.000
Recompensas	160.437
Sumas de que disponía el monarca (comptant du roi)	2.186.748
Edificios del monarca	15.340.901
Fondos secretos (affaires secretes)	2.365.134
Viajes	558.236
Total	28.813.956

La comparación de los dos presupuestos es el mejor paralelo que puede hacerse entre la corte y la vida de España y la corte y vida de Francia. Sombart mismo se equivoca al afirmar que en tiempos de Felipe IV España entraba a participar en la corriente luminosa del lujo europeo. No hay sino que comparar los retratos de Felipe IV hechos por Velázquez y los bustos de Luis XIV que se ven en Versalles, con cataratas de encajes que son como la espuma de su disipación. No hay sino que recordar que a trueque de las dos mangas para el jubón, que reza el inventario de Felipe IV, Luis XIV compró cualquier día, en que visitó una fábrica de París, 22.000 libras de encajes. Felipe gastaba una sábana al año, y una de las cortesanas de Luis

XV, Madame Pompadour, «en una fiesta dada en el palacio de Choisy gastó 600.452 libras en ropa blanca para los invitados».

●●●

Pero si España no tuvo corte en el sentido propio que esta palabra adquiere cuando se habla del resto de Europa, sí tuvo guerras. El espíritu de combate cuelga como un gobelino detrás de las Siete Partidas de don Alfonso el Sabio, y sigue presente en los siglos XVII y XVIII. Es la guerra brava, heroica, en que se desangra la Península dividida entre los partidarios de dos casas, exactamente lo mismo que ocurrió siglos antes a los demás países de Europa. Cuando los Barbones se afirman en el trono de un modo definitivo, han pasado trece años de guerra civil, y España ha tenido que ir cediendo a Inglaterra la isla de Menorca; a Amadeo de Sabaya, la de Sicilia, y perder, por el tratado de Rastadt, sus posesiones de Italia, Cerdeña, Luxemburgo y Flandes.

Carlos III, hijo de Francia, imbuido del espíritu de su siglo, quiere determinar un resurgimiento en España, pero encuentra al país empobrecido, sin tradición mercantil, sin escuela industrial, y debe, además, enfrentarse a Inglaterra en una guerra que tiene por escenario los dos hemisferios. Trata el Barbón, afanosamente, de provocar la creación de sociedades mercantiles, estimula los estudios económicos, subvenciona fábricas en España, nombra visitadores que recorran a América en todas direcciones con el fin de sanear la hacienda pública. Pero convertir en empresa de producción a España y sus colonias, no es obra de un momento. Los virreyes planean la explotación científica de las minas, la apertura de nuevos caminos, el estudio de las riquezas americanas, pero sus meditaciones son turbadas por el ruido de la armada inglesa que ronda los puertos del Caribe. Y los hacendistas que vienen a América para poner en orden la administración pública desdeñan, como es natural, los planes constructivos de los virreyes, para imponer contribuciones nuevas que permitan el recobro inmediato de las cajas reales.

La riqueza de las colonias americanas reside en la riqueza humana. El vasallo es lo único que produce. Dos siglos y medio tiene España de haberse instalado en América, y no se ha preocupado por la explotación científica de las minas. La mina es el indio: no el oro. Cuando los conquistadores ganaron para la corona estas tierras, encontraron montañas de oro, de metal limpio, puro, trabajado por los aurífices precolombinos durante siglos. La industria española no se encaminó a las vetas, sino a recoger lo que ya estaba listo para fundirse en barras o estamparse en patacones. Fue el Siglo de Oro, que todavía brilla en las páginas de quienes lo trasladaron a las letras o lo incorporaron a la esplendidez de las catedrales. Cuando la mina abierta se agotó, América dejó de ser para España El Dorado, y, más que las minas, produjeron los estancos: el de naipes, el de la sal, el del aguardiente, el de los tabacos «para humar». Las contribuciones y el trabajo de los indios fueron lo único real y tangible en que pudo apoyarse la corona. América dejó de ser el mundo áureo, de oro físico, para ser el cobrizo, de la piel de cobre de los indios.

Todo esto es claro cuando se comprueba la ninguna experiencia mercantil de la España puesta bajo las banderas de Castilla. Los géneros de Indias, el oro y todo cuanto llegó de América con la conquista no provocó en la península la formación de un mercado. Frailes y cortesanos se distrajeron en sus diversiones, casi inocentes, bajo el ojo severo de la Inquisición. Y, en cambio, se iban desarrollando en los Países Bajos la banca, la feria, la marina, de tal suerte que las cosas que hubieran podido servir de fundamento al renacimiento español se las ganaron los de Amberes para el suyo. Llegó el día en que los clásicos de España se editaron en Amberes, y de sus imprentas irradiaron al mundo nuevo, mientras en España los autores alternaban entre la corte y la cárcel, espiados y azorados por la estrecha vigilancia del Santo Oficio.

•••

Carlos III es en España el rey francés, liberal, que tiene que moverse dentro de un paisaje y un mundo que son la negación del liberalismo. Su vida personal está repartida entre los placeres del cazador y las quimeras del estadista. Es una vida dramática por las contradicciones que existen entre su alma y el alma española.

Para buscar reposo a sueños de grandeza, difíciles de que se cumplan en su reino, suele don Carlos III salir de caza, y por bosques, sotos y términos de sus casas de campo, pasar las horas y los días, y las semanas y los meses, gozando de ese placer que da el sentirse bien montado; el ver que no hay obstáculos que no salven los remos elásticos del ágil caballo andaluz; el oír el nervioso repique de los cascos, cuando se aguarda con impaciencia la hora de la marcha, entre un círculo de lebreles que alargan sus aullidos en la gozosa expectativa de la faena. Al menos, esta distracción feudal le aleja un tanto de la mezquina corte, en donde no se miran ni cortesanas cultivadas en los refinamientos del amor, ni encajes, ni sedas, ni espejos, ni palacetes emboscados para el diálogo prohibido, ni jardines abiertos en donde se derrame en espuma de locuras el brillo de las fiestas. Carlos III piensa en su padre, nacido en el palacio de Versalles. Vuelve los ojos hacia los Luises suyos, los Luises de Francia, rodeados de las Pompadours, las Fontanges y las La Vallieres, y siente que el ánimo se le subleva sabiendo que su vasto imperio, toda la América fecunda, no le da sino para la poca cosa que es su casa real.

El rey, pues, va de caza. El Sol curte, tuesta su rostro y sus manos. Así le ve Goya cuando le retrata con el perro y la escopeta, que casi son sus únicos amigos. Las horas que los otros Barbones pasan en Versalles, en el Louvre, en Fontainebleau, en Marly, en Saint-Germain, él las consume en faenas cinegéticas. Don Alfonso el Sabio había dejado la lección escrita en las Partidas cuando redactó un capítulo titulado «De cómo el rey debe ser mañoso en cazar». «Mañoso debe ser el rey —decía— e sabidor de otras cosas que se tornan en sabor o en alegría para poder sofrir los grandes trabajos e pesares, quando los oviere. E para esto una de las cosas que fallaron los Sabios, que más tiene pro, es la caza, de qual manera quier que sea: ca ella ayuda mucho a menguar los pensamientos e la saña, lo que es más menester al rey que a otro ome. E sin todo aquesto da salud, ca el trabajo que en ella toma, si es con mesura faze comer e dormir bien, que es la mayor cosa de la vida del ome. E el plazer que en ella recibe es otrosí grand alegría, como apoderarse de las aues, e de las bestias brauas, e fazerlas que lo obedezcan, e le siruan, aduziendo las otras a su mano...»

Carlos III gusta del placer de la cacería, pero cree que hay algo más en la vida que comer y dormir. Retorna en las tardes y trabaja entonces su inquieta imaginación, estimulada por la cultura de Francia, por las glorias de la enciclopedia, por el despertar del liberalismo que empieza a triunfar en los salones. Se fija en su mente la idea de incorporar España al mundo liberal que nace. Sus ministros, salidos del hervor de París, no hacen sino llenar sus oídos de proyectos maravillosos, que luego le quedan zumbando como el rumor de la ola en el caracol marino. El rey se siente joven y audaz. Hará un mundo nuevo en España, y en el Nuevo Mundo obras que pondrán su nombre en boca de la fama. Sus ministros trabajan sin tregua. Ahí está Moñino, que obtendrá del Sumo Pontífice la bula para expulsar a los jesuitas. Y el conde Aranda, que cultiva correspondencia epistolar con Voltaire. Y don Manuel de Roda, que planea revoluciones universitarias.

Tiene el rey una nariz enorme, que domina al resto de su rostro. Es una proa puesta contra los vientos para que la tuesten. Detrás de la nariz muestra el rey una sonrisa bonancible, un gesto de ilusión, inteligencia, esperanza y optimismo. Con su nariz de caza y su mente alborotada y soñadora, ora preside los consejos de sus ministros, ora los abandona. Espléndida contradicción, muy propia de la majestad real, ésta que tiene don Carlos III entre su nariz y su sonrisa.

•••

Los ministros quieren obrar. Jamás se vio en España un fervor parecido aplicado a empresas tan ambiciosas. Pero la fuerza de inercia que opone un país parado, entendido no más que en el ocio o en la guerra, no se vence con solo buena voluntad. ¿Cómo tornar en república de burgueses, industriales, comerciantes, hacendistas, banqueros, científicos, librepensadores, a un pueblo adormecido en olor de santidad? El mapa espiritual de la Península está pintado en dos colores: amos y siervos, es decir, hijos-d'algo e hijos-denada. Ni una fábrica que recoja a los obreros como colmena. Ni una ciudad en donde se enriquezcan los comerciantes. Y el mapa espiritual de América, a su turno, estampado a dos tintas: el encomendero y el indio. Ni siquiera en las ciudades gremios de artesanos, fase madura de la Edad Media. Ni tenemos, en realidad, ciudades.

Por eso, detrás de cada ministro hay una reserva, una duda. Parejo con Floridablanca, que describe en su instrucción secreta cómo puede redimirse el Estado español, corre don José Gálvez, que reduce la vida del imperio a su justo límite, que es límite mezquino. Para América salen virreyes liberales, emprendedores, con la cabeza repleta de creaciones imaginarias, y regentes visitadores cicateros, inventados por don José Gálvez, que van poniéndole al indio la puntería como si fuera caza mayor. Con los regentes «quedó reducida a solo el nombre, o a un fantasma, la autoridad del virrey».

Por estas épocas y en años diferentes se embarcan en España con rumbo a la Nueva Granada los tres personajes centrales de esta novela, en lo que esta novela tiene de español: el uno es un virrey liberal, de rostro fino, ovalado, frente amplia, mirada firme, manos afiladas, gesto de franqueza, aire de marcialidad: es don Manuel Antonio Flórez Maldonado Martínez y Bodequin, comendador de Lopera, de la Orden de Calatrava, teniente general de Real Armada, a quien es justo presentar de este modo, con sus apellidos y distinciones. El segundo personaje es un hombre de ofi de esos encajes que ponían en las rúbricas los escribanos farolones: cada firma que estampa al pie de un decreto es ratoncillesca, firma que se esconde, que parece turbarse con la luz: es el tipo de quien quiere dominar escondido en un segundo plano, el hombre de ingenio que sabe calcular con precisión desesperante la última consecuencia de una ley y penetra el recóndito secreto de un inciso; es el hombre que tira la piedra y esconde la mano; es el visitador regente, don Juan Francisco Gutiérrez de Piñeres. El tercer personaje es el cura: Antonio, obispo de Córdoba, luego arzobispo virrey. Casi llega a cardenal...

II. Los virreyes

«Conviene que entiendan que solo a la persona de mi Virrey ha de entrar debaxo del Palio, porque representa la mía y no Prelado ninguno ni otra persona de ningún estado, preeminencia ni calidad.»
Real Cédula, en Toledo, 1596

Empiezan a florecer en América las figuras de los grandes virreyes de la última mitad del siglo XVIII. Hombres de acción, aventureros, sí —como es de rigor en estos tiempos, en que la guerra mantiene a los españoles sobre las cureñas—, pero amigos de las artes y las letras, sorprendidos en su virginidad española por lecturas apresuradas de la enciclopedia francesa y empujados en un sentido progresista por obra y gracia de los ministros de Carlos III. Hay en ellos los errores y contradicciones naturales de quienes se inician en sistemas que apenas alcanzan a entrever. A veces, como les ocurre en España a los ministros, rectifican a última hora toda su vida y caen en el santo temor de que la democracia arruine al imperio de España en América. Así como Floridablanca temblará ante la revolución de julio que subvertirá el orden constitucional de Francia, y se aprestará para defender la causa de la monarquía absoluta, estos virreyes, que abren los ojos a los criollos de América, que despiertan ambiciones inéditas lo mismo en ellos que en los indios o en los artesanos, acabarán reaccionarios, asustados ante las consecuencias de sus propios inventos.

Para América, los «grandes virreyes» son una revelación. En sus equipajes tienen libros prohibidos, ideas que irrumpen en el mundo escolástico de la Colonia para corromperlo. La nueva doctrina del despotismo ilustrado es una cátedra libre y, en cierto modo, escandalosa. Durante el siglo y medio anterior los virreyes no fueron sino funcionarios mediocres que iban recibiendo el fruto de la conquista como herencia destinada a mayorazgos haraganes. Ellos, sobre el tesoro de la conquista que les entregaron Corteses, Quesadas y Pizarras, hicieron lo mismo que los curas doctrineros, las órdenes de frailes, los encomenderos y los corregidores: se instalaron para ir percibiendo el tributo de los siervos a la manera feudal. No les inquietó ni el progreso de la Colonia, ni el ensanche de sus industrias, ni la apertura de caminos diferentes de los que eran estrictamente necesarios para el recaudo regular de las contribuciones. Cuando los nuevos virreyes llegan a mediados del siglo XVIII, encuentran un continente muerto. La Colonia ha paralizado toda expresión vital. Apenas el murmullo de los esclavos en las minas es signo de vida. Las grandes crónicas de la conquista van apagándose en rumor de croniquillas parroquiales, donde el oidor nocherniego, la criolla lista, un fraile levantisco o un virrey galante rompen el monótono paso de los días con pequeñas audacias que alcanzan grandes proporciones en los coros de beatas y tertulias de conventos. Hasta las monjas, fascinadas por el encanto de las crónicas callejeras, hacen vida de comadrería y murmuración.

Los nuevos virreyes no saben, en realidad, el explosivo que llevan entre sus manos cuando empiezan a abrir cauce a las ideas francesas, o, más sencillamente, a las de su monarca don Carlos III.

Como Floridablanca oirá con sorpresa que la enciclopedia culmina en la toma de La Bastilla y en el nacimiento de la república, en América los virreyes liberales mezclan en su literatura y su política cosas libres que no saben a dónde les llevarán. Al término natural del proceso revolucionario, retrocederán asustados y tendrán gestos de reacción y rectificación. Es el espíritu feudal de España, el paisaje por donde pasearon sus trajes negros los reyes de la casa de Austria, que sale del fondo del alma castellana, mal cubierta con el barniz liberal.

•••

Cuando el virrey Flórez llega a Cartagena, piensa poner la mano en una mágica república que solo espera su intervención para trocarse en una de las piedras más ricas de la corona española. Las mismas murallas y castillos que sobresalen al fondo de la bahía agitan su esperanza y renuevan su optimismo. Va a ser artífice del pensamiento de Carlos III en América: el alma del monarca que actuará no ya sobre la parda llanura de Castilla, sino sobre la zona fértil del mundo tropical. Aquí las manos del gobernante no desmayarán ni encontrarán tropiezo tratando de redimir a una nación carcomida por vicios seculares, agobiada por frondas de inútiles cortesanos, estancada por tradiciones estériles; no: en este barro fresco de América toda empresa devolverá con creces el esfuerzo que se ponga en realizarla. El virrey Flórez ha llegado al Nuevo Mundo, al mundo virgen, y hará que en él florezcan las artes, la educación se expanda, las riquezas se multipliquen.

La bahía tiene el reposo de las aguas tranquilas. Atrás queda una mar bravía que mordió con sus olas la fragata del virrey hasta ponerla en riesgo de irse a pique. Cuarenta días gastó para venir desde las costas peninsulares a este puerto seguro. La tempestad pulsó las jarcias con soberbia, rasgó las velas con furia. El mastelero mayor quedó rendido con la violencia y continuación de los balanceos del barco. A América sigue llegándose por rutas azarosas. La vida de los gobernantes se perfila y levanta al son de la aventura. Pero ya está sano y salvo el virrey en sus dominios.

El puerto está de fiesta. Hay reventar de pólvora, redobles de cajas, movimiento de frailes y tropa, repique de campanas, ajetreo de alguaciles, veloces carreras de esclavos. ¡Llega el nuevo mandatario! Un Sol duro cae sobre el mar y pesca entre sus redes rubias olas que se mueven como pescados. Don Miguel Antonio Flórez desciende de la fragata acompañado de su mujer y sus hijos y se dirige a la casa del rey. Al pisar la tierra firme, una sensación de seguridad —conciencia de mando— da a su cuerpo de militar imperio y marcialidad. Lástima que este episodio ocurra el 13 de abril, fecha de mal carácter.

Flórez pasa los días inspeccionando las obras militares. No queda piedra que no sea vista, remirada por sus ojos de militar, teniente general de la armada. Con su bastón golpea la muralla para oír el toque confidencial que traduce la fortaleza y fidelidad con que está para servir al rey. «A nuestro católico monarca el señor don Carlos III», murmura Flórez, reverente, siguiendo un hábito cortesano.

No hay prisa en seguir a Santa Fe. Cartagena es la puerta, la piedra de clave en la seguridad del Nuevo Reino de Granada. Al cabo de tres semanas llega don Manuel Guirior, para entregar el mando a Flórez. Otra vez, ajetreo en el puerto. El coche virreinal atraviesa las calles sonoras, mientras muchedumbre de negros y blancos forma deliciosa algarabía para celebrar el desacostumbrado suceso. Toda la pompa sacerdotal y militar, en traje de ceremonia. Delicioso espectáculo para una ciudad cuya distracción y sobresalto habituales se los proporciona la piratería que olfatea al puerto, golosa, causando humillaciones a las armas del rey.

Flórez y Guirior se deshacen de funcionarios que les asedian y atosigan, de frailes del Santo Oficio que se doblan ante ellos y sobre ellos, serviles y siniestros, y bajo la templada caricia de la noche, dialogan a la vista de las fortalezas, del mar, de la palmera nocturna que rompe mapamundis de estrellas. Flórez escucha. Guirior habla. Ante los ojos atentos del recién llegado va dibujándose una estampa de miseria. Esta Nueva Granada, que podría ser una de las más ricas colonias, no marcha, no progresa, no es tierra agradecida. No hay dinero en las cajas reales. No hay defensas navales suficientes. El comercio está en manos de los contrabandistas. La instrucción no prospera. Los pobres vagan por las ciudades negándose a trabajar, y son incapaces de, ejecutar ningún oficio. No se produce nada... «En un principio, excelentísimo señor —le dice Guirior a Flórez—, estriba la decadencia del reino: no dando él frutos en cambio de lo que recibe para su consumo, es preciso que el poco oro que se extrae de sus minas jamás permanezca en el virreinato para darle vigor, sino que brevemente, y casi sin la menor circulación, sale a la costa a pagar los efectos y géneros de Europa, que entran en mayor porción de la que permiten las facultades del país...»

Flórez le dice a Guirior, en cambio, cuál es el ambiente progresista de la Península. No hay que desmayar. No hay que desconfiar. Flórez afirmará lo que por milagro de sus afanes ya tiene hecho Guirior, y lo llevará más adelante. Restablecerá los estudios, fomentará el comercio, abrirá caminos. Guirior y Flórez tienen puntos de vista que se hermanan. Ambos se tnuestran atnigos de la imprenta, del libro. Guirior ha echado las bases de la biblioteca pública recogiendo los volúmenes que dormían en las casas de la Compañía. Flórez llevará a Santa Fe itnprenta nueva, para sustituir las cajas ya vacías que no tienen sino letras desportilladas.

•••

De ese día en adelante, Flórez y Guirior van a seguir dos vidas paralelas. Guirior sale con rumbo a Lima, adonde llegará en el momento en que los indios se rebelan. Su espíritu humanitario tratará inútilmente de contener los desmanes de un visitador que irá acumulando sobre los pueblos cargas y más cargas, hasta exasperarlos y moverlos a la guerra. El visitador Areche le será al virrey Guirior tan adverso en Lima como el visitador Gutiérrez de

Piñeres al virrey Flórez en la Nueva Granada. Guirior es, cotno Flórez, militar y valiente. Areche, como Gutiérrez de Piñeres, hacendista y cobarde. Guirior ha peleado contra los rnoros, ha llevado una vida de aventuras en donde se mezclan las comisiones galantes con las jornadas azarosas en mares pintados de piratas. Cuando apoya la mano sobre las barandas de su barco velero, cuando se detiene a meditar sobre el papel que tiene para la firma, mira largamente un anillo. Es la joya que le regaló el rey por haber cumplido el encargo de conducir por mar, sucesiva mente, dos princesas, la una a España y la otra a Génova, con motivo de sus matrimonios.

¿Por qué están los indios levantados? La cadena de insubordinaciones se extiende por los dos virreinatos, del Perú y la Nueva Granada, y prende como hogueras de San Juan a lo largo de la cordillera de los Andes. Los indios han llegado al límite de su mansedumbre: han trabajado la tierra y las minas, servido como criados en las ciudades, sin reservarse para justo reposo cosa distinta de la sombra de un rancho y la tierra que cubrirá sus huesos. Pero con los nuevos impuestos aumenta la presión de los amos. El indio despierta de la sumisión. Los visitadores no comprenden cómo opera este fenómeno de la rebeldía. Ellos suponen que es ilimitada —o debe serlo— la paciencia de la plebe. Como ellos lo suponen, lo creen los obispos. Unos y otros no salen del pasmo al ver que hay quien se niegue a pagar un tributo. El visitador impone las contribuciones, el obispo las explica y justifica, y solo el virrey, solitario y sin mando completo, alcanza a ver el fondo de justicia en donde se agitan los pueblos.

No bien se instala Guirior en Lima, se levantan en Velille los indios y asesinan a Jerónimo Sugasti. Enseguida, los de Llata dan muerte al capitán José de la Cagiga, cuñado del corregidor. En Urubamba también habrá levantamiento. Y en Yungay, por hostilidad al receptor de alcabalas. Los de Haraz protestarán contra las nuevas numeraciones de indios, llamados al pago de tributos. En Arequipa, pasquines. De los pasquines se pasará a las vías de hecho. Cierta noche, un grupo de amotinados se reunirá en las afueras de la ciudad, acometerá contra la casa de la aduana, destrozará cuanto encuentre a la mano, romperá los papeles en donde se hace la política fiscal contra los indios, sacará de las cajas tres mil pesos y dejará herido al oficial mayor interventor.

Lo mismo en Moquegua, en Cailloma, en Huancavilca, en Cuzco... ¡Cálido soplo de guerra en que arderán los indios de los obrajes, los esclavos de las minas, los artesanos de las ciudades! América empieza a recobrarse de la perplejidad en que la sorprendió la conquista, y los españoles caerán en la perplejidad de ver a un pueblo altivo en donde solo creyeron dar con muchedumbres fieles.

A la Audiencia de Lima irán pasando los procesos contra los indios. Aconsejará el visitador y pedirán los oidores fuertes castigos: solo la mano dura podrá detener a los caciques que siembran la semilla de la revolución. Tratará el virrey de atenuar el rigor de la justicia feudal, cruel y sanguinaria. Solo él verá en el indio un ser humano, respetable y noble. A veces sus alegatos ahondarán el problema social para arrancar secretos que muy raras personas adivinan. ¡Pobres virreyes liberales! Oíd lo que dirá Guirior en Lima a una asamblea de sordos: «Siempre he tenido por mal fundada la razón que se pretende tomar de la pereza de los indios para colorir el manejo y trato que con ellos se observa, porque desvanece este modo de pensar lo que todos ven en los sujetos de aquella nación que moran en esta ciudad. Aplicación conocida a las artes y oficios; trabajo constante y regalado, costumbres civiles, aseo, limpieza y aun gala, pendiendo esta cultura de que a sombra de los españoles y en su compañía procuran imitarlos, y nadie les hace vejación impunemente, ni despoja el fruto de sus sudores, que les queda a salvo para emplearlo en su provecho. En opuestos motivos estriba la miseria de los mismos naturales que habitan las provincias de su primer domicilio, donde nada se puede decir que tiene propio y su trabajo ha de ceder precisamente en ajenas ganancias».

Guirior, con estas teorías, quedará por debajo de las astucias y habilidades del visitador Areche. El chisme, la calumnia, la murmuración, se abrirán camino en el alma del ministro José Gálvez, a quien don Carlos III confió los negocios de las India. Este José Gálvez, que en México había aprendido demasiado de las cosas coloniales, era el punto en que apoyaban sus máquinas los visitadores regentes contra los virreyes liberales. Así atacarán a Guirior en la sala de justicia del Consejo de Indias, y solo años más tarde, y cuando ya no tenga objeto, ni haya persona en donde pueda hacer reparaciones la equidad, se vendrá a decir que eran falsos los excesos y cargos atribuidos al general Guirior, y que no resultaron de las pesquisas y actuaciones causa ni motivo, aun el más leve, que le detrajera de aquel concepto de probidad, honor, celo e integridad en el real servicio, en que si no se le tuvo, ha debido al menos tenérsele, mientras estuvo al frente del virreinato del Perú.

•••

Volvamos al virrey Flórez, y a Cartagena de Indias. Cartagena da impresión de grandeza. Las murallas, los castillos, el tráfago del puerto, el movimiento y aparataje de la Inquisición, el desembarco y la venta de esclavos de que vienen repletos los barcos negreros... Desde 1650 se había construido un canal para poner a Cartagena en comunicación con el río Magdalena. Dos mil hombres llegaron a trabajar en esta obra portentosa, que atraviesa casi cinco leguas de ciénagas y montes. Es un canal de once varas de ancho, «navegable en todo tiempo del año, no solo para bajeles de menor porte, sino para los de mayor».

Detrás de Cartagena está la América brava. En ella ya no se ven huellas de la mano del hombre. Es el río grande, la selva virgen, la flora del trópico, la fauna fabulosa que se muestra en el calmado andar de los caimanes asquerosos. Y a es tiempo de que don Manuel Antonio Flórez penetre en este mundo nuevo.

El virrey se embarca en un champán. Los bogas son negros retintos, cuyas desnudas espaldas, pulidas, elásticas, dejan ver un juego de músculos que es recreo y regalo para los ojos del viajero. En filas de cinco en cinco, firmes sobre la cubierta del champán, tapadas las vergüenzas con pañuelos rojos, que llamamos de hierbas, impulsan la embarcación apoyando largas varas contra la orilla. Tac, tac, tac..., resuenan los pasos de los bogas de la primera fila sobre la madera de la cubierta. Tac, tac, tac..., repiten luego los de la fila siguiente. Clavadas en la barranca, con firmeza, las varas, y apoyadas contra el pecho de los negros, cada paso que éstos dan sobre la barca es un paso que se avanza contra la corriente. No hay más canto que anime a los esclavos que el golpe de los pies, seco, mecánico, preciso como el de una máquina. A veces la voz del capataz, a veces su agudo látigo, despiertan a los peones perezosos.

Bajo cubierta, entre equipajes, bastimentas, ollas y gente menuda, está el «camarote» de su excelencia el señor virrey. Tendrá de alto vara y media, y no se puede estar en él sino en cuclillas. Casi siempre el virrey sale a la proa, descubierta, para sentir el paisaje del trópico. El champán va muy cerca de la orilla, con lentitud desesperante, rompiendo el empuje de las aguas que apenas gorjean bajo el casco formado por palos mal unidos. El aire cálido tiembla sobre las aguas como llama de alcohol. Los árboles de la orilla opuesta, remotos, azulencos, tiemblan también. El virrey conoce los primeros estremecimientos del infierno verde. Es intrépido, sabe de la vida dura del mar, es hombre de milicias, se cree un conquistador.

Como ocurre cuando se viaja en el mar, la inmensidad del paisaje suelta los hilos de las ideas, y no es posible para la inteligencia encontrar tierra firme donde clavar una imagen concreta. Todo se le antoja, al virrey, grandioso, y la fuerza diabólica del paisaje pone en sus labios palabras vacías, abstracciones: belleza, grandiosidad, hermosura, es decir, humo, paja del cerebro que se quema, imposibilidad de definir, delimitar, amarrar un concepto preciso al árbol de la orilla. El hombre, para pensar, tiene que sentirse estrecho, tener muros al frente como en la ciudad, meterse en un callejón, ver que hay algo que le detiene e incita, que le oprime. Si no, se va, se pierde, se hunde en esas enormes burbujas vacías, en esos huecos del panteísmo, de la teosofía, que son el paraíso de los bobos. Para sentir la tierra firme el virrey necesita algo inmediato, un punto de comparación que esté cerca de sus ojos; el primer término de la perspectiva. Y el primer término es ese chiribitil infecto de su camarote.

La mezcla de las emociones distantes, de ese paisaje que él no puede sino reverenciar cuando le califica de «majestuoso» —palabras que en sus labios lleva envuelta una flexión, ante la majestad del rey—, y de las mezquindades inmediatas, enciende en su ánimo los estímulos de la acción. Por esa misma orilla por donde él avanza bajaron veloces, poco tiempo antes, los champanes que llevaban a los jesuitas camino del exilio, y en América ocurre lo mismo que en España: detrás de cada cuerpo de la Compañía que sale desterrada queda un hueco que el virrey tiene libre para llenar con obras de su espíritu, para rellenar de hechos que signifiquen progreso. Al engaño e inutilidad de los padres de la Compañía, Flórez irá a oponer espléndidas realizaciones que le den más brillo a la corona de Carlos III.

•••

Deja Flórez el champán en las bocas del Opón y echa para Santa Fe por el camino de Vélez. Quiere recibir una impresión material, tener una experiencia propia de lo que son los caminos que trepan el flanco de los Andes. Hundiéndose las mulas en baches y cangilones, volteando en las revueltas sobre abismos, resbalándose en las piedras redondas y pulidas, recibiendo el virrey los azotes de la maleza que invade esa trocha borrosa, por donde avanzan las cabalgaduras, sabe su excelencia lo que es una colonia americana. Ahí está la dura realidad de que le hablaba Guirior en Cartagena. Ahí está la base de lodo y abrojos que deberá usar para construir una nación.

No es mejor cosa la capital del virreinato. De escuela de penalidades la debe tener España; para que en ellas se ensayen o estrenen quienes luego vayan a gozar mejor gobierno en Lima o México. Santa Fe es mucho menos que otras ciudades del virreinato, que tienen población más apretada y fachadas menos pobres y desconchadas; Para saber qué puesto ocupa Santa Fe en América, basta un ejemplo. Poco antes de llegar el virrey Flórez se hizo una repartición de $ 40.000 entre las mitras y cabildos de las iglesias metropolitanas y catedrales de Indias, en proporción a sus rentas decimales, y Santa Fe ocupó el decimotercer puesto, después de México, Puebla, Michoacán, Lima, Charcas, Cuba, Arequipa, Quito, Caracas, Cuzco, La Paz y Guadalajara.

El virreinato es pobre al lado de los del Perú y Nueva España. Cuando en 1660 se abolieron ciertos derechos que pagaban los productos coloniales al entrar a España, a cambio de que los comerciantes de los virreinatos sufragaran una contribución para el gasto de la flota y armada, se gravó al Perú con 350.000 ducados, con 200.000 a la Nueva España, y con 90.000 a la Nueva Granada. Por ahí se ve virreinato de qué grado el destino ha encomendado a Flórez.

Es tan grande el abandono y pobreza de la capital, que no obstante lo accesible que parece a todos los caminos, resulta problemático llegar a ella, aun estando ya en sus goteras. El viajero que trepa los flancos de la cordillera supone que en la altiplanicie ya no hallará difícil el acceso a ese lindo juego de campanarios blancos, tejados bermejos y chozas pajizas que anuncian, a la distancia, la presencia de Santa Fe. La sabana, sin embargo, cubierta de abrojos y pantanos, se tiende en un engañoso nivel de bienandanza, donde brilla el agua de ciénagas y lagunas como azogue. Los indios baquianos tienen trochas que culebrean por entre la maleza, o hacen su comercio deslizándose en balsas de juncos que no levantan rumor. El río de la sabana es una agua quieta, un canal turbio, que no parece ir a ninguna parte y en donde se apaga hasta la sombra de los árboles. ¿Dónde están los caminos reales, para que pase el cortejo de los virreyes cuando llegan a tomar el bastón de su gobierno? ¿Dónde las calles calzadas en que resuenen las herraduras de los caballos? Cuando Cortés llegó a la ciudad de México, la enorme isla de piedra que formaron los aztecas para alzar sus templos y palacios emergía del fondo de los lagos; se llegaba a ella por anchos caminos de mampostería que atravesaban las páginas del agua. Esos indios del Norte, acostumbrados a lo monumental, no cedieron ante la magnitud de la empresa cuando acometieron semejantes trabajos. Los indios de Santa Fe, anfibios, que por algo hicieron de la rana su diosa predilecta, mantuvieron a la sabana en un estado de desgreño y rusticidad que no han cambiado ni los encomenderos perezosos ni los virreyes que matan el tedio empolvando la peluca y sorbiendo rapé.

Guirior le explicó en Cartagena a Flórez cuánto se había hecho por limpiar las dos únicas entradas de que debía servirse la capital. Y cómo, para construir el camellón que debía venir desde el puente de Chía, se impuso de tiempo atrás un nuevo gravamen a los indios, que empezaba a exasperarlos. «Pero detenidas estas obras —le dijo Guirior— por las excesivas continuas aguas de cerca de dos años, y viendo que el callejón de Ontibón era un foso de tierra gredosa en que se atascaban las mulas de paso y de carga y se perdían bastantes, y se estropeaban los hombres, he intentado libertar de tan perjudicial daño al público, hermoseando al mismo tiempo la inmediación principal de la ciudad capital, abriendo camino real a ella desde el Puente Grande, con la idea también de plantar árboles a ambos lados, cuya obra no he dirigido en línea recta por los mayores costos que tendría en desmontar árboles con el corto trabajo de los indios y en abrir acequias grandes que aquí se dicen chambas, todo lo cual he encargado al celo del Regidor. Pero para proceder a construir las alcantarillas con la solidez que se requiere se hace precisa la diligencia de obligar al río a que entre en su madre, para que, desecándose el terreno, puedan hacerse las obras con firmeza y mayor facilidad.»

Así como encuentra el virrey los caminos que conducen a la capital, halla descosida la hacienda, mal parada la educación pública, el ejército sin cuerpo ni vigor, los corregidores haciendo el papel de ladrones, los indios díscolos, los obreros y artesanos de la ciudad sin escuela ni disciplina, las universidades apenas en vía de reponerse, la imprenta paupérrima; en una palabra: todo vencido por los vicios de los antiguos administradores. Lo primero que hace el virrey es activar la construcción de caminos. Es necesario que haya vías para comunicarse con las provincias mineras y tener un paso seguro por tierra para ir a Quito y a Lima. La inmensa extensión del virreinato, separada por los abismos de tres cordilleras que no logran trasmontar los caminos, es como un archipiélago. El gobierno no puede penetrar con su autoridad en el fondo de comarcas totalmente aisladas. Apenas los indios se mueven como animales de monte por trochas seculares, y son una corriente subterránea en donde el gobierno no puede afirmarse. El feudalismo se acentúa en el aislamiento. Cada encomendero y corregidor, cada cura doctrinero, los frailes en las misiones, hacen su real gana, sin que haya cómo controlarlos. El virrey entra resuelto a fijar normas de orden y a establecer unidad en el gobierno, pero carece de imperio para dominar a las gentes que le cercan. Tiene la fe de su ideal. Es un militar ingenuo y sano. Confía en la bondad de los nuevos sistemas instaurados en España. Lo único que le falta es la malicia que sobra a sus cortesanos.

•••

Cuando Flórez partió de España, en España todo era entusiasmo. Bajo la majestad de Carlos III se creía en el resurgimiento de las industrias y fundación de nuevas fábricas. Las sociedades económicas divulgaban los conocimientos más necesarios de la técnica europea, los ministros acordaban gracias especiales en favor de los empresarios, se proyectaban vastos planes de colonización, se iniciaron las compañías mercantiles que deberían ampliar el comercio colonial, se concedió a varios puertos de América libertad para abrirse al tráfico internacional. Trasladadas estas ideas a una colonia silvestre, rural, sin viso de ciudades, sin otra actividad que la de una agricultura embrionaria, ni otras fuentes de ingresos que la muy incierta que dejan las minas trabajadas por sistemas primitivos y la muy segura de los impuestos, los virreyes tienen que optar por un sistema intermedio entre feudal y burgués.

Todo en España se movía hacia la liberación del trabajo. Los ministros de Carlos III pretendían acabar, y al fin acabaron, con los privilegios de las corporaciones que entrababan el libre desenvolvimiento de la industria y abroquelaban a los gremios contra el estímulo de la competencia y la vulgarización de los conocimientos. En la Nueva Granada, el virrey se ve rodeado de un artesanado ignorante, que necesita adquirir sentido de corporación, para procurarse cultura artística y hacerse a la maestría en los oficios. De ahí la instrucción de gremios para todos los oficios, que dicta Flórez, en donde con minuciosa curia penetra hasta en los detalles más nimios de la vida artesana, poniendo los medios indispensables a su engrandecimiento. Ya en México y Lima, la construcción de los grandes palacios, el esplendor de las catedrales, el lujo de los señores más ricos, habían sido causa para que prosperaran escuelas de forja, de talla en piedra y en madera, de platería. En Santa Fe apenas si existe la corporación de los plateros. El virrey quiere empujar el progreso por este lado, y, al aprobar la carta de las corporaciones que redacta Francisco Robledo, entra declarando que la división y separación de los gremios es el eje fundamental para el perfecto conocimiento de cada arte, y ordena a los ayuntamientos la formación de padrones generales que muestren «como andan los individuos sujetos a cada oficio, con expresión del que fuere maestro, oficial o aprendiz».

La carrera de los aprendices, el trabajo de los oficiales, los derechos del maestro corren por el pintoresco y accidentado cauce de la tradición: los ayuntamientos nombran veedores, examinadores de cada gremio, previa consulta con dos diputados que el mismo gremio elija. Se forma el fondo de. los gremios, se crea el montepío para atender a los gastos de la corporación y se determina que el sobrante se invierta en el mantenimiento de algunas miserables viudas de los mismos artesanos. Todo tiende a hacer de cada gremio una entidad fuerte, rica, ilustrada, pero desprovista del fuero medieval. «Los gobernadores, corregidores y justicias no permitirán que los gremios, por sí mismos y sin su noticia y aprobación, hagan juntas ni cofradías, formándose estatutos y estableciéndose convenciones que ceden en su perjuicio y el de autoridad real». Tampoco permitirán que se fije número determinado de los individuos que deban profesar en cada gremio, sino que entre todo el que quisiere y se juzgaré a propósito. «Menos se permitirá el que se verifiquen estancos ni monopolios de algunas manufacturas, bajo ningún pretexto».

Se conocen ya en Europa y América los caminos por donde puede llegarse a un mayor florecimiento industrial, de acuerdo con los postulados de la revolución científica. Se tiene una confianza, casi una fe ciega, en la educación, en la ilustración. Se acabó el temor a las letras de la Edad Media. Por todo esto, Robledo dice al virrey Flórez: «La mayor dificultad para el perfecto arreglo de los gremios consiste en el método de enseñar las artes: dudo haya por ahora en este virreinato sujetos capaces de darlo a todas, generalmente, aunque se halla para alguna que otra: pues ínterin V. E. no resuelve establecer sociedades económicas de los Amigos del País en cada capital de las provincias, con dificultad llegará a lograrse. Con todo, en el plan se establecen normas generales de enseñanza, se echan las bases de una escuela de dibujo y se fija dentro de las corporaciones la instrucción obligatoria, en esta cláusula: «Los maestras y padres procurarán que sus discípulos e hijos aprendan a leer y escribir, cosa tan fácil como que apenas hay lugar donde no esté establecida semejante enseñanza y donde no se dé de balde a los pobres». ¡Qué agradablemente suenan estas palabras en 1777! ¡Qué bien decir «cosa tan fácil», para referirse al arte de leer y escribir! ¡Qué estupendo afirmar que a los pobres se les enseñará de balde!

Las instrucciones llegan a contemplar las diferencias humanas por razones de sexo o de edad, con un sentido que sirve de marco sentimental a los estatutos. «Para que en los principios no se fastidie el muchacho, y pueda soportar el trabajo con respecto a las pocas fuerzas de su pequeña edad en que por lo regular entran a los oficios, serán menos las horas de tareas del aprendiz que las del oficial (...) Las justicias procurarán el que aquellas faenas que parecen oficios, y en la substancia lo son —mas sin necesidad de tantas formalidades, y que ni se requiere aprendizaje ni exámenes y se ejecutan por pura imitación—, se desempeñen por las mujeres, como son el de molinero, tahonero, molendero de chocolate, confitero, pastelero, colchonero, y otros semejantes; pues así quedarán los hombres más desocupados para otros que necesitan mayor ciencia y trabajo.»

No hay que suponer que estas instrucciones sean creaciones originales; detrás de ellas está la experiencia española. El antecedente inmediato es Campomanes. El *Discurso sobre el fomento de la industria popular* y el *Discurso sobre la educación popular de los artesanos y su fomento* son dos obras fundamentales que el célebre hijo de Asturias ha redactado para ilustrar a los gobernantes de España, y que nuestro Robledo acoge para complacer al virrey Flórez y redactar la instrucción de los gremios. Es la corriente europea que al pasar por los filtros de España adquiere un sabor más humano, y que al florecer en América toma colorido propio. La instrucción de Flórez tiene saber santafereño, y ambiente de altiplano.

«Los maestros y padres cuidarán muy particularmente el que sus discípulos e hijos vayan siempre con todo aseo posible, haciéndolos que todos los días se laven y peinen, cosiéndoles y remendándoles sus vestidos, o haciéndoselos coser y remendar.

«El uso de la ruana en estos reinos es parte muy principal del desaseo: ella cubre la parte superior del cuerpo, y nada le importa al que se tapa ir desaseado o sucio en el interior; descalzas de pie y pierna se miran todas las gentes y solo con la cubierta de la ruana, que, aunque en efecto es mueble muy a propósito para cuando se camina a caballo, debería extinguirse para en todos los demás usos...

«El gorro o redecilla fomenta la pereza y descuido en el peinado, y, siendo el pelo perfección de la misma naturaleza, procurará por los maestros y padres el que sus discípulos o hijos, dejándoselo criar, lo tengan siempre limpio y sin el uso de redecilla o gorro.

«Habituados los artesanos a la bebida de la chicha o guarapo en estos reinos, abandonan la obligación de su oficio o trabajan en él de mala gana, prefiriendo la chichería y el juego de naipes, que comúnmente se les proporciona en ella. De aquí redundan no solo la falta de cumplimiento de su oficio, sino que en sus casas renacen quimeras por el mal trato que dan a sus mujeres y peor ejemplo a sus hijos.

«Procurando los artesanos observar este orden y método, tendrán estimación con el resto del vecindario, sin que se crea haber entre los oficiales la menor diferencia, tomada regularmente por la materia de su trabajo, ni que los profesores de uno sean menos honrados que los de otro, pues que el acero o metal, madera o lana, sobre que cada uno trabaja, no debe constituirle en peor o más baja condición, y sería error político creerlo así, y mayor el permitir las zumbas, matracas o dicterios con que unos artesanos apodan a otros, de que redundan innumerables males...»

•••

Anda el virrey luchando por vencer la inercia e imponer esta primera labor, que va dando forma nueva y mejores trazas a la república, cuando ésta como que se le descuaderna entre las manos. Ha estallado la guerra entre Inglaterra y España, y buques ingleses escupen fuego sobre los puertos de América. Es necesario levantar ejércitos, apuntalar murallas, rehacer la armada. El general que hay en el virrey mira al lado heroico de las acciones futuras. En vez de quedarse en Santa Fe, viendo rodar las horas en medio de empresas que n. o prosperan, empujando a gentes que no se mueven, pone la mirada en Cartagena, recuerda la voz de las piedras que cantaban a su oído palabras de lealtad y toma resolución de volver a esta plaza con el ánimo de hacer cosas más sonadas que den a su nombre alguna gloria.

Su paso por Santa Fe ha sido breve. Deja los caminos empezados, organizado un hospicio, andando las instrucciones para levantar ejércitos, los gremios en vía de formación, instalada una imprenta... Ha tenido a su lado a cierto oidor americano que entiende los problemas de la ilustración: el mismo que verificó la expulsión de los jesuitas, escribió el plan de estudios para San Bartolomé y la memoria sobre aprovechamiento de las propiedades de la Compañía para fundar hospicio y biblioteca. Flórez le llamó para que reformara los reglamentos del Colegio del Rosario, espantado ante los informes que tuvo en su régimen disciplinario, en el cual quedaba incluida la pena de azotes, que se les propinaba con metódica crueldad a los hijos de las mejores familias, internos del venerable instituto. También, preocupado por la cuestión científica, envió Flórez objetos curiosos al museo de Madrid: plantas, láminas, cueros de aves, minerales, colecciones de insectos... Pedazos todos de una gran obra administrativa, que hubiera puesto a la Nueva Granada sobre el camino de su resurgimiento si la guerra no corta de tajo estas diligencias de buena voluntad.

Otra vez hacia Cartagena. Se mira sobre el espejo turbio del Magdalena. Reanuda el diálogo con el paisaje americano, infinitamente impenetrable. ¿Qué puede el europeo hacer en estas colonias? ¿Alcanzará algún día a penetrar en el alma de los indios? ¿Será capaz de romper el cerco de la selva que desde las orillas del gran río le opone sus paredones de follaje? ¿Podrá romper, lo que es más grave, el anillo que le forman en la corte los representantes del antiguo régimen, y vencer las almas de los ministros que viven tendiéndole celadas?

Acurrucado sobre la palma del champán, aguas abajo, el virrey se siente infinitamente más abandonado y desolado que cuando, aguas arriba, llevaba en la mente la más rica copia de optimismo...

III. El visitador regente

«Solo la justicia y el mejor arreglamento de las rentas son el objeto de su atención. Desnúdese el curioso de toda ciega pasión, que no deja conocer ni descubrir la luz de la razón, sino entre las densas y opacas nubes de un espíritu preocupado, y verá que en todos sus estatutos resplandece y brilla la legítima autoridad real sin mezcla la más mínima de la propia.»
Fray Joaquín de Finestrad

Pero no hay que equivocarse: también en España la ilustración es obra de artificio. Carlos III determina un resurgimiento en el cual no creen sus vasallos. El florecimiento de las artes y las letras —la nueva política social— no tiene dónde arraigar. Falta la conciencia de la burguesía de la revolución en Francia. Faltan esos hombres de la industria y el comercio, que se presentarán con sus filósofos y oradores a los Estados Generales en París, y demostrarán tener una aplastante superioridad sobre los dos brazos —la nobleza y el clero— que han venido moviéndose a nombre del feudalismo. En España hay recelo en la vasta zona de funcionarios y clérigos taimados que rodean al rey y contemplan su obra sin entusiasmo ni benevolencia. Con las artes finas y discretas que se aprenden en las casas de oración y en los consejos reales, los representantes del estilo viejo van poniendo zancadillas a los ministros de la enciclopedia, a los virreyes, a los innovadores de toda laya, para volverles a la realidad española. Las fábricas tienen una vida efímera; las reformas legales sufren la derrota de pequeños ardides subterráneos, siempre hay una cáscara de plátano que oportunamente se coloca para que resbale el ministro en cada paso de avance que intente dar.

Lo que ocurre en España pasa en América. A cada virrey innovador que aparece se le atan las manos, poniéndole al lado un visitador regente, que toma a su cargo el manejo de la Real Hacienda, y que desde esta posición privilegiada hace más gobierno que el virrey. Don José Gálvez, mañoso y certero, es quien dirige toda esta política desde su Ministerio de Indias. Es él quien le nombra a Flórez un visitador regente en la persona de Gutiérrez de Piñeres, como se lo nombra a Guirior, en el Perú, en la persona de Areche. Gutiérrez de Piñeres viene a Santa Fe a hacer la vieja política. Política de oficina, de letra menuda, que solo busca el perfeccionamiento de los métodos feudales del tributo, para presionar al indio sin compasión. A don José Gálvez no le satisfacen las providencias que en materia de hacienda ha tomado Flórez. Flórez sacó las rentas de manos de los arrendadores para darles nueva planta, pero, atento a los caminos por donde se mueven los países dentro del nuevo régimen, sostiene ante la corte que lo esencial para aumentar la hacienda pública es darle a la privada mayor firmeza, fomentando, en el caso de su virreinato, la agricultura, las minas y el comercio. Ni don José Gálvez ni el visitador regente lo entienden así. Secular es la política que, a mayores necesidades de la monarquía, ha impuesto mayores gravámenes a las clases bajas. Por ahí es —razonan los visitadores— por donde debe buscarse la salud pública. Enfrentados el visitador y el virrey, éste ha tenido «el sinsabor de oír de la corte que el modo de no quedar responsable y de merecer la real gratitud es que providencia en todo con arreglo al dictamen del regente visitador en cuanto pertenezca a la real hacienda...» De ahí en adelante, el destino del virrey Flórez está señalado. Cuando años más tarde pase a desempeñar el virreinato de México, la misma desconfianza de los ministros de Indias en España le dictará normas iguales. Es el triunfo de los ultramontanos solapados sobre la monarquía liberal de Carlos III.

Flórez llega alguna vez a pensar en que la corte no ha puesto suficiente reflexión en sus iniciativas y aun se atreve a preguntar si no es que, acaso, el visitador haya escrito chismes a los ministros del rey. La contestación de don José Gálvez es helada y tajante. «Ha de saber su excelencia —le dice— que aquí no hay chisme del visitador regente: lo que él hace es lo que el rey quiere que se haga; él desarrolla en la Nueva Granada mis propios planes, y nada más: se lo digo a vuestra excelencia para su gobierno, y para que sepa a qué atenerse de ahora en adelante.»

•••

El visitador regente, don Francisco Gutiérrez de Piñeres, es maestro en ciencia administrativa. No ignora ninguno de los detalles en que se funda la hacienda pública de España. Puede elaborar un plan de rentas desde sus bases hasta el último reglamento, en donde se fija la acción de los guardas. Desarrolla el criterio feudal español, que se inspira en la política de provincias cerradas. Cerrar la América al exclusivo imperio y beneficio de España.

Clausurar puertos. Dejar apenas entradas estrechas en donde puedan apostarse veedores, inquisidores, aduaneros, que cuenten minuciosamente las cosas de entrar y las cosas de salir. Todo el lucro quedará en las manos del rey. El derecho de las demás naciones se desconoce. Con ellas es escaso, por peligroso, el trato espiritual. La economía feudal española está hecha a base de privilegios, y esos privilegios son los que viene a reafirmar el regente, de acuerdo con el plan elaborado en la Península.

El, en primer lugar, estanca la producción. La producción que le interesa a España es la de tabacos y aguardiente: dos pilastras de vicio en que se apoya la economía colonial. El oro no cuenta casi para nada. Los ministros apenas alcanzan a explicarse por la estulticia de los americanos el que no se den cuenta ellos de los beneficios que traerá para la industria del tabaco el que las siembras solo puedan hacerse en las comarcas que señalen los visitadores. El padre Finestrad se confunde ante la tozudez de los neogranadinos cuando pretenden cultivar todavía tabaco en tierras que, si de tiempo atrás se dedicaban a esa industria, ya no deben serlo gracias a la ilustrada providencia del discípulo de don José Gálvez.

Estancar todos los géneros, sostenerlos bajo una sola cuerda, que el Estado compre barato y venda caro, he aquí la política de la corona: se prohíbe el trueque libre en los pueblos: de ahora en adelante se venderá, precisamente, en las pulperías, porque las pulperías pagan un impuesto especial a la corona. Hasta la más insignificante transacción pagará derechos de alcabala. El visitador piensa que su sistema, el sistema que se le ha enseñado, es perfecto. No entra en sus cálculos la posible resistencia de pueblos que llevan más de dos siglos de soportar en silencio el yugo español. La docilidad de los indios es algo —dirá él— consubstancial a su naturaleza y algo con lo cual cuenta precisamente España.

•••

No se encuentra en Gutiérrez de Piñeres orgullo ni soberbia. Es un técnico que trabaja en silencio, con precisión desesperante. Obsequioso, político, no ahorra venias de acato al virrey, a quien tributa los homenajes debidos al superior, sabiendo, eso sí, que le tiene sometido por los caminos fiscales y por la estimación que le dispensa don José Gálvez. Tal vez con sorna y con una sonrisilla interior, que debió abatir los últimos restos de orgullo en el virrey, le dice en cierta ocasión: «Yo no tengo palabras para agradecer a vuestra excelencia la manera tan gentil y tan noble como se ha puesto al servicio de cuantas providencias he dictado, facilitando todos mis trabajos; no dejaré de comunicar esto a la corte, para que estos méritos sirvan a las futuras pretensiones de vuestra excelencia.»

El visitador monta —sin salir de su despacho— una máquina infernal, que trabajará en todo el virreinato. Es el tipo del hombre austero y sencillo que se sienta a la mesa de trabajo a dibujar primores de instrucciones, en letra pareja, clara y firme, sin que escape a su sagacidad ni lo que debe hacer hasta el último ujier en cada administración. Alma de pergamino, cara de pergamino, manos de pergamino, se lo representa uno con la pluma de ganso, prontas las arenillas de secar la tinta, en una mesa limpia y ordenada. De cuando en cuando, levantará los ojillos curialescos, finos, perspicaces, acostumbrados a ver la última minucia.

La maldad de Gutiérrez de Piñeres es inocente. El es engranaje fiel de un sistema cuyas repercusiones humanas ni ha estudiado, ni tiene por qué detenerse a contemplar. Para lo de su cargo, lo único que le corresponde es ver que funcione el sistema, y nada más. Puede estar moliendo la carne viva de los indios; no le importa, ni lo averigua: lo esencial es estar moliendo. La primera impresión que produce en Santa Fe es la de que viene a hacer una revolución burocrática. En Santa Fe se trabaja despacio, o no se trabaja; las oficinas apenas si se abren: los expedientes se amontonan sin que haya un oficial acucioso que los anime. El visitador empujará estas cosas, pero lo hará con tino, con suavidad. No es persona brusca.

La jornada de trabajo en la oficina de la contaduría es de cuatro horas en la mañana y ninguna por la tarde. «Vuestra señoría debe considerar —le dicen los contadores— cuán graves son cuatro horas diarias, y sin alivio de feriados: carga capaz de lastimar la salud y fuerzas de la mayor robustez.» El visitador fija una hora de trabajo en la tarde de los días lunes, miércoles y viernes. Los contadores aceptan no sin hacer esta declaración: «Es constante que siendo la tarde la estación más incómoda del día para el trabajo, y éste en ella muy perjudicial para la salud, especialmente en el ejercicio de leer y escribir, por lo que generalmente se excusa de esta tarea a esta hora y estación, divirtiéndola en otro ejercicio, porque el trabajo, entonces, se toma con violencia, no es de ninguna utilidad y es perjudicial a la salud, lo que no acontece en la mañana, que es tan apta y proporcional al trabajo de leer y escribir; que se emprende en ella con menos repugnancia o con total complacencia, y sin perjuicio, antes bien utilidad, de la salud...»

El visitador registra una a una las alacenas, los expedientes, las fojas, trabajando hasta las doce del día y retirándose luego a su posada. Mientras pasa y repasa fojas, urde la manera de coordinar lo relativo a la hacienda colonial. Las cuestiones que pasan por sus manos son de todo el territorio que años más tarde se repartirá entre las repúblicas de Colombia, Venezuela, Ecuador y Panamá. Son las administraciones de hacienda de Santa Fe, Cartagena, Popayán, Quito, Panamá, Maracaibo, Portobelo, Guayana ... Hay cuentas atrasadas de años. El visitador empieza a ordenar y disponer: quien no presentare las cuentas dentro de los primeros cuatro meses del año sufrirá multa de quinientos pesos y suspensión del salario o del empleo. De ahora en adelante habrá una regla precisa a qué atenerse, y el que la contraríe sufrirá la pena cuya tarifa elabora el visitador.

Es más: va a imponer unidad de trabajo; y formula planes de administración de todas las rentas, colocándolas bajo una misma planta. Cada providencia suya es recibida con alborozo en España. El espíritu de don José Gálvez trabaja maravillosamente a través de don Francisco Gutiérrez de Piñeres. Aguardientes, tabacos, naipes, todo se va arreglando. Los pasos de los ríos, que se hacen por cabuyas o canoas, se reglamentan. Y el comercio de los Llanos y el régimen en las haciendas que se tomaron a los jesuitas. El almojarifazgo, las alcabalas y las guías son nuevos impuestos en lo que antes fue casi una república libre, bajo la administración de la Compañía de Jesús.

•••

Pero, por debajo de estas providencias, no solo corren manantiales de orden, sino ondas de terror. La organización en las rentas comprende un plan de resguardos. El guarda va a ser el personaje siniestro de los tiempos que se acercan. El será espía de los indios, que entrará a sus sembrados para destruirlos, y funcionario de inigualados privilegios, porque se necesita darle la mayor autoridad, facilidad de movimientos y respaldo de fuerza. Los justicias se pondrán al servicio de los guardas, y en la noche, que pudiera ser plácida, de la colonia, se oirán resonar por los caminos las mulas de estos polizontes, llevando pavor al alma campesina.

De la menuda caligrafía del visitador van partiendo en círculos cada vez más dilatados estos emisarios de las rentas: la ronda mayor que vigila sobre la ciudad, la ronda del casco, que va montada, las rondas de los resguardos de puertas o entradas, las rondas que van a los pueblos, las rondas de los partidos que se prolongan hasta el último rincón habitado en todo el virreinato. Desde este momento, el visitador se convierte en un brujo, en el espantajo de los indios, que se ve a todas horas, en todos los sitios, sacándoles chispas a los caminos de pedernal, esgrimiendo sables que la Luna afila y blanquea, preparando las bocas de fuego, haciendo disparos que resuenan en los montes como en la hora fatídica de la conquista.

Como es natural, las leyes se dictan no por escrito, sino al oído. Es universal la ignorancia de las gentes en eso de leer y escribir. Cuando en las plazas de los pueblos se oye repicar un tambor, los indios se miran en silencio y para el vocerío de los tratantes. Algo malo va a pasar. Desde que llega Gutiérrez de Piñeres, su voz se identificará con el tambor de los pregoneros. Es la voz del visitador, se dirán los indios, y así seguirá creciendo la sombra de este menudo y tembloroso oficinista, hasta cubrir con pabellón negro todas las horas plácidas, las horas desprevenidas en la vida de la colonia.

Al son de cajas y voz de pregonero se dan los bandos. La ley resuena materialmente en las plazas. Los pregoneros son casi siempre pardos o indios, algunas veces esclavos. Se les ha educado en las doctrinas para que puedan servir de vehículo al canto duro de la ley. El alcalde ordinario les acompaña con su presencia desde el balcón de la casa del ayuntamiento y cubre con solemnidad las órdenes del rey.

Así llega al oído del pueblo lo de la alcabala, lo de la sisa, lo de la Armada de Barlovento, lo de los estancos, lo de las pulperías, lo de las multas y lo de las penas.

•••

El engranaje de la ciencia política compromete a los pueblos en empresas que están a infinita distancia de caber en su rústica comprensión. ¿De dónde les cayó a los chibchas, guajiros y cocinas, a los ticunas y huitotos lo del agua del bautismo? Y, precisamente, por ser cristianos, tienen ahora ellos que sufragar los gastos de la cruzada. Ellos aprecian esto como un hecho cumplido, pero el origen y alcance de la contribución les es tan difícil de entender como el origen del rayo o el destino de los vientos.

El visitador decreta el gracioso donativo. El gracioso donativo es una contribución voluntaria que anuncia el rey de España, para que cada uno de sus súbditos dé, si es libre, un peso; si es noble o español, dos pesos. Esto, con el objeto de que todos ayuden a sostener los gastos de la guerra con Inglaterra. ¿Qué puede ser para los indios Inglaterra?

Además de lo estrambótico del donativo, hay que pensar en la forma poco equitativa como se reparte, ¡Los indios de Chima, los de Oiba, los negros de Guarne, los llaneros, los de tierra fría y los de tierra caliente, dando cada uno un peso para pelear con Inglaterra! El encomendero, el marqués de San Jorge, los ricos dueños de esclavos, dos pesos. El simple sirviente, el pobre indio dueño del más breve peculio, un peso. El amo, cuya fortuna es un millón de veces más grande, un donativo apenas dos veces mayor. Aquello no es nuevo, pero sigue siendo extraño. Al visitador solo le importa decir que se prepara una Armada de Barlovento —¿qué será la Armada de Barlovento?—, y que debe contribuirse para ese efecto. El visitador puede saber cómo es necesario defender las posesiones españolas del Caribe con una armada capaz de enfrentarse a la del rey de Inglaterra. Pero, ¿y el indio? Al indio le ha caído la teja, como vulgarmente se dice, de que se le tome por civilizado. Paga la bula de la santa cruzada, para luchar contra infieles que tal vez son sus hermanos, y paga para armar las naves contra los ingleses. Como los indios están en lucha con Inglaterra, las contribuciones aumentan en todas direcciones. La alcabala se alza y extiende a todo género de comercios. Toda transacción que se haga paga derecho de alcabala: las velas de sebo, el jabón, los cordobanes, los huevos, los productos de la tierra, la miel, el dulce; nada hay que esté libre. Existe lo que el visitador llama la alcabala del viento: la pagan los traficantes transeúntes o forasteros sin domicilio fijo.

Solo hay unas pocas cosas libres: los libros en latín o en romance, las pinturas, el oro que compra la casa de moneda, los sombreros de la fábrica real de Madrid. También se exceptúan el maíz y otras semillas, que se venden al por menor en los mercados. Pero como hay la alcabala de las pulperías, que pagan lo mismo las tiendas que los puestos que tienen los indios en el mercado, no quedan libres en realidad sino los libros en latín, las pinturas y los caballos enfrenados y ensillados.

•••

Detrás de cada nueva institución de rentas hay alguien que se mueve con mucho ruido de armas y una tarifa de sanciones que hiela la sangre de los humildes. Tal como existen los guardas, existen los alcabaleros. Y unos y otros tienen a la orden cárceles, cepos, grillos y esposas. «Como el indio se insolentara, le hice remachar un par de esposas.» Hay látigos, sables, rejones, fusiles, que se dirigen contra quien trate de enfrentarse al sistema o burlarlo. Son las armas que se preparan contra los indios, pardos, esclavos, tente-en-elaire, en una palabra: contra la plebe. La plebe debe sostener servil, como siempre, la fábrica de la república.

Se anuncia el plan de los estancos. Y hay que ver a don Salvador Plata en su condición de alcalde, desde los balcones del ayuntamiento, en el Socorro, hombro a hombro con el pregonero, mientras los socorreños hacen silencio para oír el bando. Ese don Salvador es de los Platas ricos de la comarca; ellos compran y venden esclavos, rematan rentas, tienen solares, casas, tiendas, pelean entre sí, se hacen traiciones, se rascan la cabeza cuando pierden unos reales, y la panza cuando ganan muchos pesos.

El Socorro es un centro notable en el virreinato por su comercio de tabacos. El visitador ya ha dicho que en sus contornos no debe sembrarse más, porque la producción está estancada. Ahora, lo esencial es publicar las penas en que incurran los contraventores. Ante todo, serán la de decomiso del tabaco en polvo o en hoja que se comercie en fraude a la renta, y arrancar las matas en los sembrados que estén fuera de la zona permitida por el gobierno. Se pagará, además, el doble del valor de lo decomisado. Quien cometa el fraude recibirá pena de doscientos azotes y cuatro años de presidio, si no es noble. Para el noble, la pena es más liviana.

•••

El visitador obra como fiel ejecutor de la corona. Ni siquiera puede decirse que sea hombre cruel. El azotar a un hombre libre es tan natural y común que a los padres no se les ocurre hacer con sus hijos cosa distinta. Esto está dentro del alma de la Edad Media, que sigue viva en España, a despecho del monarca liberal. Qué se puede hacer —ioh Majestad!— si las costumbres son feudales, si el carácter de los hidalgos es feudal, si la legislación es feudal. El visitador apenas si redacta las instrucciones y reglamentos en la más castiza forma, como cumple a un funcionario del rey. Infinitamente más crueles son los americanos que logran arrimarse al lado suyo, los que se encaraman sobre sus compatriotas para gozar de las prebendas reales y servirle al rey con eficacia. Estos segundones de América, como todos los segundones, justifican su pretensión haciendo méritos a costa de sus prójimos.

Don Salvador Plata es mucho más activo decomisando tabacos, que el visitador redactando instrucciones. Don Francisco Moreno y Escandón ultraja más a los indios, como buen americano que ha llegado a ser fiscal de la Real Audiencia, que todos los españoles venidos a la Nueva Granada con pretensiones ya cumplidas, y tal vez con menos afán de prosperar. El visitador instalado en Santa Fe más bien se preocupa por suavizar sus propias órdenes que por llevarlas con todo el rigor de la ley. El, ante todo, es un hombre de oficina, y miedoso. Tiembla como una liebre llegado el momento de afrontar una situación. Esa misma melosidad con que encubre sus palabras cuando se dirige al virrey lo está probando, y lo probarán mejor sus nuevas ejecutorias. El miedo es una de las enfermedades sociales más dignas de estudio que encontrará el lector de esta crónica. Los visitadores, en general, son más mañosos que valientes. Y el visitador Gutiérrez de Piñeres es una paloma entre la jaula de sus propias providencias.

No hay término de comparación entre las vistas fiscales de Moreno y Escandón y las resoluciones que toma el visitador. El uno está por ofrecerle a España un pueblo dócil y servil; el otro, por escapar con vida de su empresa.

IV. Don Antonio, el arzobispo

«Tampoco faltaban observadores y maldicientes que le notaban no haber dado otras limosnas que la que a los principios hacía a los pobres de la cárcel, llevándola él mismo públicamente con sus familiares, hasta que un particular se dice que lo informó al rey. Es constante que después acá ha cedido todas sus rentas del arzobispado mientras le durase, a favor de los que sufrieron en el terremoto que padeció la capital en el año de 85, y demás pobres de ella, reservando el repartimiento de ellas a la Real Audiencia; aunque encargándole que informase de ello a S. M. Y aunque llenó en esto una de sus principales obligaciones, y es de presumir que no quiera publicar con trompetas ésta y otras limosnas de que tiene cédula de gracias, solo parecería conveniente reflexionar si los males que ha sufrido el reyno en los ramos de su administración excederán con mucho a este particular bien.»

Francisco Silvestre

En la Edad Media europea la campana que congrega a los pueblos para la oración, los despide para la guerra. El Estado es una creación rudimentaria y débil. La Iglesia organiza las grandes empresas de colonización a través de los monasterios, y convierte en campos de labor las tierras incultas. La Iglesia, por medio de las órdenes, organiza el crédito y se convierte en el banquero universal: tiene bajo su custodia la educación pública; es señora de las universidades; toma a su cargo la asistencia social, juzga y condena a los hombres hasta el extremo de que la Inquisición no es sino una forma histórica del poder judicial para castigar delitos comunes. Cuando España recibe súbitamente el tesoro del imperio colonial, es una nación feudal y carece de la organización burocrática que sirve al Estado para cumplir sus funciones administrativas; tiene que gobernar con el clero, y servirse de él para penetrar hasta el fondo de la entraña americana. El clero es el centro de gravedad en la historia de las colonias americanas.

La vida de la Iglesia se confunde con los intereses políticos de la corona. Los curas se alimentan del tributo que imponen a los indios, en la misma forma feudal en que la corona y los demás españoles resuelven su problema económico. El tributo que se paga a la Iglesia reviste formas especiales: el diezmo, la institución de las cofradías, la doctrina. Paga más el indio al cura que al rey.

Para el cura son las primicias de la tierra, el diezmo de las cosechas, los ahorros que deben entregar los indios en las fiestas del patrono, el trabajo de las mujeres en los obrajes organizados so pretexto de la doctrina... Cuando la paciencia de los indios se acabe, lo mismo volverán contra el rey que contra el cura. El levantamiento de los indios no será contra las personas, sino contra el sistema. Cuando se restablezcan sobre sus bases primitivas los impuestos, trabajarán con tanta decisión y celo las milicias del rey como los curas. Y aun con mayor eficacia los curas, porque están más cerca del pueblo, y constituyen la única fuerza organizada que cubre el continente y lo penetra en todas direcciones.

Cuando el virrey piensa en una obra de pacificación o propaganda, tiene que actuar en un mundo analfabeto. El indio solo tiene oídos para oír, y el virrey apela al predicador. Si se trata de saber cómo marcha la colonia, no lo hace el virrey tranquilamente instalado en su palacio, ni lo hacen los funcionarios de la Real Audiencia, sino los obispos en las visitas pastorales. Los funcionarios civiles salen deprisa a visitar los pueblos de indios, de manera accidental. El obispo anda con más reposo, acude con más frecuencia, oye con mayor atención. El obispo siempre sabe más, y no solo es más respetado, sino más temido.

•••

La Iglesia está personificada en la figura regordeta, ampulosa, de don Antonio Caballero y Góngora. Don Antonio viene a la Nueva Granada con todo el oropel de la España liberal, pero en el fondo tiene el sentido muy claro de la máquina política que debe defender: la máquina del vasallaje, del tributo, del diezmo y la primicia. Salió de España para México, primero. Viajaba como las naves del despotismo ilustrado, de la ilustración; su equipaje era equipaje de cardenal: libros en inglés, en francés, en castellano, en latín; pinturas del Tiziano, de David Teniers, de Cano, del Españoleta, de Murillo, de Velázquez. Una colección de medallas: 504 romanas de plata, desde el principio de la República hasta Julio César; 447 imperiales de plata y 2 de oro; 16 con imágenes y símbolos de dioses; 34 de plata antiguas españolas;

11 de oro y una de plata góticas; 200 de plata y 9 de oro de los papas y reyes de Castilla; 12 de oro, 252 de plata y 264 de bronce arábigas; 215 de familias romanas; 919 de bronce de Alto Imperio; 1.705 del Bajo; 256 de pueblos de España y 1.252 de reyes de Castilla. Sus vajillas de loza y plata, sus ornamentos de seda y oro, sus joyas, que son verdaderas mazorcas, de esmeraldas, de rubíes, de diamantes, todo acusa en don Antonio Caballero boato cortesano, amor a las artes, lujo de alta dignidad eclesiástica. El primer contacto de don Antonio Caballero con la tierra americana fue su obispado en Yucatán. De Yucatán se le promovió al arzobispado de la Nueva Granada. Modesto marco para una estampa así de esplendorosa. Pero la Iglesia tiene sus caminos secretos, y de este arzobispado pasará don Antonio a las más altas jerarquías.

Cuando el arzobispo Caballero y Góngora pone sus plantas en la Nueva Granada, empieza a conmoverse esta tierra por las agitaciones populares. Su Ilustrísima resulta buen hombre de caballería, y al trote de mulas bravas o de buenas bestias de Sogamoso inicia sus visitas pastorales. Encuentra los pueblos ariscos y recelosos, y viéndolos está en La Mesa de Juan Díaz cuando estalla la revolución de los comuneros. La buena mula debió alzar las orejas y parar en seco. La pesada humanidad del arzobispo, repollona entre las sayas y zamarras, tornaría a interrogar en los ojos de sus familiares el significado de la revuelta. Con la mayor dignidad se echaría una bendición, implorando la misericordia divina, y, volviendo grupas, sus ojos azules no descansaron hasta mirar las blancas torres de Santa Fe, listo a organizar la parada contra los comuneros.

•••

Estos arzobispos, respirando renacentismo, son el vivo ejemplo de las tremendas contradicciones que conturban en los tránsitos bruscos en la historia. El mundo viejo, que los está nutriendo, sostiene sus iglesias, engorda sus curas, les toma por las faldas y detiene con una resolución desesperada. Y al propio tiempo una corriente tumultuosa y brillante de ideas nuevas les sume en ambiciosos ímpetus de liberación. No pertenecen, ni pueden pertenecer, al pasado, ni al presente. Viven en equilibrio inestable.

El caso de don Antonio Caballero se ilustra con el de otro prelado, a quien la suerte pone, casi por los mismos días, en parecida situación: don Baltasar Jaime Martínez y Compañón, primero obispo de Trujillo, más tarde arzobispo de Santa Fe. El caso de don Baltasar es el siguiente:

En Otusco, en la provincia de Huamachuco, del virreinato del Perú, a las doce de la noche de un domingo, en septiembre de 1780, se levantaron los indios con el propósito de matar a los dos alcaldes cobradores, cortar las manos al escribiente de los padrones en donde se iban inscribiendo los indios para numerarlos y catalogarlos como tributarios, y proceder contra los caciques que se opusieran a su designio. El indio tiembla en el Perú, como en la Nueva Granada, de que se le cuente, de que se le numere. La colonia hace censos, pero no para ilustrarse con investigaciones estadísticas, sino para asegurar al vasallo en su vasallaje. En el Perú, cuando se publica la cobranza de los tributos reales el pueblo queda sobrecogido de terror, pero se endereza resuelto a defenderse. Tal en Otusco, que pertenece a la diócesis de Trujillo. Con el levantamiento de los indios se amedrentan curas y corregidores, se conmueve la Real Audiencia, recibe alarmado los informes el virrey, pero un hombre activo, infatigable, toma a su cargo el pacificar a la plebe: el obispo Martínez y Compañón.

Martínez y Compañón es de esa escuela de hombres que escriben por hacer ejercicio. Agobia con billetes, cartas y pastorales a los curas. Por cada letra que recibe, contesta ciento. Y mil, y un millón. Tiene estilo fluido y agradable. Escribe sobre las costumbres de Trujillo, sobre estética, sobre política. Como gustador de todas las artes y ejercicios de la inteligencia, hállase rodeado de una corte de dibujantes que pintan en acuarelas las costumbres, la flora, la fauna de Trujillo. Colecciona antigüedades, que más tarde enviará de regalo al príncipe de Asturias. De sus nueve años de pontificado dirá luego un biógrafo suyo que produjeron estos resultados: fundación de 20 pueblos y traslado de 17; construcción de 54 escuelas, 6 seminarios, 4 casas de educación para indios y 39 escuelas, etc. De su espíritu se ha adueñado esa fertilidad literaria de un tiempo en que la enciclopedia de Francia estimula. Los escritores repentinamente se encuentran llenos de ideas, de pensamientos nuevos que comunicar. Martínez y Compañón formula teorías sobre los sucesos triviales de la vida cotidiana. Quiere lucirse exhibiendo copioso conocimiento de ideas contemporáneas.

Martínez y Compañón usa teorías liberales para desarrollar una política reaccionaria. Tiene que hacerse cargo de la defensa de los nuevos impuestos. Deberá justificar el poder que tiene el rey para aumentar los tributos a su antojo. Enseñar a los pueblos a ser sumisos y sacrificarse por su Señor natural. ¿A qué teoría recurre, con tal fin, el ilustrísimo señor obispo?¡A la teoría del pacto social!¿La de Juan Jacobo? Quizás. O mejor, la del padre Suárez. ¡Quien hubiera de pensar que esa teoría de que se vale el señor obispo para consolidar el imperio de la monarquía habría de servir, muy poco años más tarde, para proclamar el triunfo de la democracia!

Con voz gangosa y monótona, o ronca y desafiadora, los curas de los pueblos en los contornos de Trujillo suben a leer en los púlpitos la pastoral de Martínez y Compañón. El virrey, la Real Audiencia, felicitan al obispo. Nunca se conoció exposición más luminosa. Jamás se verá nada parecido. Ahí están las cuatro causas que justifican el tributo: primera, la ley natural; segunda, el pacto social, o sea, para ser más precisos, el primer pacto de la sociedad española ya constituida, por el cual se estableció y adoptó la monarquía, excluida toda otra especie de poder soberano; tercera, el juramento de obediencia prestado por todos los reinos en la coronación del soberano; y cuarta, la ley divina positiva.

De todos los argumentos, el interesante es el del pacto social. El obispo lo explica en un larga tirada de literatura. Nueve años después, sobre la mismas bases, se empinarán los oradores de los Estados Generales, en París, para pedir la abolición de los privilegios reales.

«Los hombres —dice—, interiormente convencidos de su miseria y de los continuos riesgos en que era forzoso viviesen envueltos, mientras que permaneciesen entregados a sí mismos y a solos sus consejos, y dispersos y separados de los demás, sin convenirse en una ley que arreglase las acciones comunes de todos, y en una legítima autoridad que dirimiese sus controversias y discordias, y los dirigiese y gobernase por las reglas de la justicia y de la razón, expuestos a cada paso a que los despedazase una fiera o hacerlos víctimas de la inhumanidad y crueldad de los otros, y faltos en todo de resguardo y providencia contra las inclemencias del tiempo, y los continuos y graves trabajos de la vida, en la forma en que hoy viven los indios idólatras y bárbaros, sin religión ni ley, movidos de tan poderosas razones obedecieron al Señor, con mucha docilidad en esta parte, y siguiendo sus designios y sus inspiraciones procedieron a formar las sociedades y seguidamente las soberanías, por medio del pacto social, y que por lo que hace a nosotros no es otra cosa que aquel primer pacto por el cual, congregadas y reunidas en un solo cuerpo todas las gentes de nuestra monarquía para deliberar sobre la forma de gobierno con que hubiesen de ser gobernadas y regidas, y ser sostenida la sociedad o reunión que habían formado, entre todas las formas adoptaron la del gobierno monárquico, como más útil en sí y más proporcionada a sus intentos y más acomodada a su carácter, inclinaciones y genio. Y a consecuencia de esta deliberación, se convinieron en elegir y nombrar de hecho un soberano que los condujese y mantuviese en paz, seguridad, justicia y equidad, al cual confirieron a este fin una suma potestad absoluta e independiente de todo otro hombre sobre la tierra, con los derechos anexos a ella, que se llaman mayestáticos o derechos de majestad y regalía, y son el dar y el promulgar leyes, juzgar según ellas..., imponer tributos y señalar su cuota y modo de ser exigidos y pagados...»

Bien largo es el introito del obispo para llegar a su propósito, pero a él llega y saca, como un cubiletero, de entre un fárrago de ideas, el principio fundamental que le interesa: el de la monarquía absoluta y el de que los indios deben pagar su impuesto.

Rousseau dice: «Si se elimina del pacto social lo que no es de esencia, nos encontramos con que se reduce a lo siguiente: cada uno de nosotros pone en común su persona y todo su poder bajo la suprema dirección de la voluntad general, y nosotros recibimos, además, a cada miembro como parte indivisible del todo.» El obispo, para quien las cosas han de quedar claras como la luz del día, es más minucioso: «En virtud de este convenio no hicieron las gentes que en él intervinieron otra cosa que comprometerse en transferir, y transferir de hecho en favor de los soberanos, los derechos que cada uno de los concurrentes había recibido de Dios para su propia conservación, perfección y defensa, la cual traslación debió producir y produjo dos efectos en la forma en que sucede en los pactos privados, y fueron: uno, su obligación en todos y en cada uno de los vasallos de obedecer al soberano y dejarse regir y gobernar por su consejo; y el otro, de comunicar la facultad y derecho de dirigir y gobernar, y arreglar las acciones del reino y de los particulares.»

Rousseau había dejado abierto el camino para suponer una variedad muy grande en las fórmulas posibles del contrato social. Sabía que la democracia es una cosa que no cuaja, como el almíbar, sino cuando está de punto. Y el señor obispo bien podía decir, como Rosseau: «Los países menos poblados son también los más propios para la tiranía: los animales feroces no reinan sino en los desiertos.»

Volviendo a don Antonio, nuestro gran arzobispo, en quien habrán de hallarse algunos caracteres comunes con el obispo de Trujillo, no puede moverse una paja en el virreinato sin que él lo consienta. Está bien con los liberales, por su biblioteca y el lenguaje cortesano, y con los conservadores, porque defiende el orden antiguo de los impuestos. Habla del plan de estudios, de las ciencias físicas, de las sociedades económicas, como podría hacerlo cualquier ministro de Carlos III. Hay que ver el cuidado que pone en el buen suceso de la expedición botánica, en los trabajos de los sabios, en completar planes de caminos. Pero también veremos sus maniobras secretas para imponer los nuevos tributos. El arzobispo es doble por fatalidad histórica, y su figura maquiavélica algún día pasará a los anales como el primer caso ejemplar en la Nueva Granada de un hombre que supo gobernar alternativamente con la derecha y con la izquierda, con la reacción y con el liberalismo, engañando a unos y a otros, para imponer en último término su voluntad.

Instalado en Santa Fe, obra como consejero de la Real Audiencia, se escribe con el virrey, planea la manera de volver a los indios a la docilidad. En medio de todo este hervir, la política acaba por convertirse en su actividad predilecta. No en vano el destino encamina sus pasos al palacio de los virreyes.

V. Los indios

«...asimismo supo de cómo andaba una voz sorda de que los indios se querían sublevar y destruir a todos los españoles, a fin de no pagar los reales tributos, y que ésta había de ser la noche de San Lorenzo...»

«Muchos corregidores y encomenderos se sustentan de la sangre de los indios —dice el padre Toro—, como en este mismo Nuevo Reino de Granada lo mostró aquel asombro de perfección, San Luis Beltrán, cuando hallándose en la mesa de uno de éstos, y tomando en su mano una arepa y exprimiéndola sacó de ella bastante sangre, y dijo: «Esta es sangre de los indios: ¿qué provecho podrá hacer a vuestras almas?» Y si entonces, cuando corregidores y encomenderos se contentaban con arepas, sacaba sangre de ellas aquel celosísimo valenciano, ¿qué sacarán, ahora, cuando no se contentan con medianos regalos a costa de estos infelices, a quienes tratan, a veces, con más vilipendio que a los brutos y más desprecio que si fuesen vilísimos esclavos, solo por conocer que son sus espíritus pusilánimes, y naturalmente tan humildes, que jamás levantarán ni aun la voz si no es cuando a fuerza de azotes se les obliga a que la levanten hasta los cielos?»

El tributo es pesada carga para el indio: insufrible, además, bajo el látigo del corregidor. Crecen a un tiempo las tasas que fija el rey y las que inventa el corregidor. Quien primero muerde en las carnes del indio es quien está más cerca de él.

Después de tres siglos de soportar el yugo colonial se corren las primeras voces entre la plebe. Empiezan los indios a librarse de ese fenómeno de perplejidad en que los hundió la conquista. Trescientos años han necesitado para reponerse del temor: tan honda fue la conmoción que en su candor produjeron la pólvora, los caballos y las amenazas del nuevo Dios. Ahora, saliendo del pánico, levantan las manos y las voces.

•••

Remontémonos cuarenta años atrás. 1740. Don Juan Bautista Machín Barrera es corregidor de Tunja, y extiende su autoridad hasta Vélez, en un radio de muchas leguas a la redonda. España está de guerra con la Gran Bretaña. El presidente gobernador y capitán general del Nuevo Reino anuncia que los buenos hijos del virreinato deben aprontarse para contribuir a los gastos de la empresa. El corregidor, usando del celo y delectación con que sabe cumplir estos encargos, anuncia a las gentes de caudal la mala nueva, y, picando su caballo, sale al trote para Vélez, con el fin de organizar el recaudo del empréstito.

Machín es hosco y silencioso. Le gusta verlo todo en orden, a codal y escuadra. En las fiestas de toros abandona el palco de honor, pierde el espectáculo, para rondar por callejas y encrucijadas, cargar con los borrachos y llevarlos al cepo. Quiere que las riñas desaparezcan de las poblaciones en donde él esté presente. Que el orden favorezca al imperio de la autoridad y a la autoridad del corregidor. Cuando llega a Vélez, le salen al tope el ilustre Cabildo, justicia y regidores, el vicario de la ciudad, clerecía y nobles personas. Al verle, desmóntanse todos de sus caballos, para darle con más protocolo la bienvenida. El no se baje de la mula. Todos quítanse los guantes, para saludarle con las manos desnudas. El no se quita los guantes. Avanzan frases de cortesanía los veleños. El frunce el entrecejo, dice que el día está nublado, pica los ijares de la mula y los echa a todos por delante, porque no hay tiempo para conversaciones.

Machín va a lo que va. A exprimir a ricos y labriegos, so pretexto de guerra con los ingleses. En Vélez lo que más abunda son campesinos de caudal escaso, de los que tienen un corto cañaduzal y un trapichito. A veces agregan a esto algunos esclavos. El visitador viene a cobrar su comisión de visita a los trapiches y a hacer registro de hierros. Ocho patacones tendrán que pagarle los campesinos por cada trapiche, y tres o seis patacones por los hierros. No rebaja un cuartillo, así sea el más pobre quien deba pagarlo. Los indios se quejan en vano. Afanosamente venden hasta lo más preciso al sustento de sus familias. El corregidor, desde su pupitre, va llamando a los dueños y contando los patacones. No sale a visitar ninguno de los trapichitos, que están como en fogón a la salida del poblado. Si lo hiciera, vería el quebranto con que los administran y mantienen muchos vecinos, con sus hijos y mujeres, que hacen el oficio de esclavos, para poder pagar sus visitas, sacrificando muchos pobres «las alhajas necesarias para sus ministerios y sustento», a fin de satisfacerle.

A más de esto, vienen los ultrajes. El corregidor está celoso del alférez real don Alvaro Chacón de Luna, gallardo caballero que está muy cerca, por la nobleza de su carácter, de los humildes. El pueblo le quiere, porque su mano de hombre rico se levanta para suavizar el yugo colonial. El alférez real es la sombra buena que cobija a los campesinos de Vélez. Cuando su gentil figura, vistiendo seda y terciopelo, avanza por la nave central de la iglesia, los ojos del pueblo la siguen con amor. Los pajes que llevan los cantos de su estandarte, para que no los pise la plebe, defienden en el estandarte del alférez su propia bandera. El corregidor mira a los pajes con rabia, y acaba por dar a uno de bastonazos en la iglesia.

Salen alférez y corregidor a la plaza. Las fiestas a la virgen de Las Nieves, imagen de María Santísima, que vela por la bienaventuranza de los veleños, se celebran con toros. En las barreras se agolpa el populacho, y también se riega por la plaza, batiendo al aire sombreros y ruanas. Música de tiples y chirimías. El alférez real está rodeado por sus pajes y envuelto en la mirada de entusiasmo de la muchedumbre. Al corregidor le siguen el silencio, el enojo y el recuerdo de los bastonazos que dio al paje del alférez en la iglesia. El corregidor no logra contener su despecho y azota al paje de estribos que va más cerca del alférez.

Se agotan el sufrimiento y la paciencia. Crúzanse miradas de comprensión los humillados. Salen a las callejas y conversan, conspiran. Indios y mestizos, negros y mulatos, sienten hervir la sangre. Odian ya al corregidor. Vamos a ver, dicen, si nos prohíbe jugar, si nos prohíbe cantar y estar de juerga, como viene prohibiéndolo en otras villas. Cuando llega la noche, la plebe se congrega bajo los balcones de su casa. Entre risotadas y mofas se tiran las ruanas al suelo y empiezan a rodar dados y a caer cartas de naipes. Crece el vocerío provocador. El corregidor ve la celada y tiembla. Nunca llegó a pensar en una revuelta de la plebe. El pueblo: «¡Que saque la cabeza al balcón!». El corregidor se esconde en las interioridades de la casa. Óyense los primeros gritos: «¡Muera este perro ladrón! ¡Viva el rey de Vélez, que es el alférez real!»

El calor de la multitud y la embriaguez de los gritos animan a la plebe. En tumulto entran a la casa los más audaces, esgrimiendo garrotes y buscando al corregidor para matarlo. Los primeros a quienes topan son dos criados, que reciben sendos garrotazos. Atraviésase luego el ministro De Alba, presbítero, y le rajan la cabeza con un palo. Enseguida dan con fray Antonio del Castillo, de la sagrada orden de hospitalarios de San Juan de Dios, y le dan en las costillas con tanto entusiasmo, que por poco se las rompen. «¡Qué muera este perro ladrón y viva el rey de Vélez, que es el alférez real!», grita la plebe desde las puntas de la calle hasta el fondo de la casona en donde todo es confusión y sangre.

Listo, pero callado como una sombra, saltando tapias y ensuciándose los zapatos con la porquería de los solares, huye el corregidor. Busca auxilio en el convento de San Francisco. El pueblo no se da cuenta de la fuga; no le encuentra y brama de ira. Con los garrotes hurgan y tantean debajo de las camas, y las miradas van del hueco de las alacenas a los rincones de las puertas. En una papelera, bajo la cama, encuentran las fojas en donde lleva sus cuentas el corregidor, y las vuelven pedazos. A las puertas de la casa se agolpan seiscientos campesinos airados, según se logra calcular su número entre las sombras de la noche.

La clerecía trata de aplacar a los revoltosos. Saca el Santísimo en procesión. Los curas trepan a los púlpitos, a los balcones, pidiendo paz a nombre del Señor. Todo es inútil. La escena quedará luego pintada así en las fojas del proceso: «Daba lástima ver los sacerdotes desde la puerta donde estaba el Santísimo Sacramento, predicándoles por este divino pan se aplacasen y al mismo tiempo concediesen la paz. Monstruos carniceros, llenos de cólera y rabia, se la negaron tres veces al Señor de los cielos y tierra, diciendo: "¡No hay paces, que muera!"... "El padre Nadal salió al balcón..."», etc.

No hay sino una voz que se oiga y respete: la del alférez real. Sale el alférez real. Con lágrimas en los ojos pide que se aquieten, y dóciles, recogen ellos sus gritos, bajan los garrotes, enderezan los pasos camino de sus casas. Pero cuando renace el día y otra vez se encuentran en la plaza, al convite de los toros, de nuevo: «¡Muera ese perro ladrón! ¡Y viva el rey de Vélez, que es el alférez real!» Con la tarde y la noche crece el vocerío. Se riegan por las calles, buscando al corregidor. Se agolpan a las puertas del convento de San Francisco. El pueblo pide la cabeza del tirano. Los frailes lloran y suplican. El corregidor, oculto en una celda, tiembla. Y a no puede confiar ni en el poder de la Iglesia ni en el freno de la autoridad: lo único seguro es la velocidad de sus pies. Y a medianoche, a carrera tendida por los solares, otra vez saltando tapias, alcanza los caminos de su fuga. Cuando pasa el puente, respira. Y a suelto galope, camino de Tunja, va a poner la queja ante la Real Audiencia.

•••

Las escenas de Vélez se repiten en todos los rincones de América. Así en Asunción del Paraguay. Allí primero aparecen las protestas del cabildo contra las nuevas exacciones económicas, y luego la abierta rebeldía de los comuneros contra los gobernadores que llegan de España, y contra la misión de los jesuitas. Todo el sistema colonial exaspera a los paraguayos, que apoyan sus rebeldías en la real cédula del 12 de septiembre de 1537, por la cual Carlos V concedió al pueblo asunceno el derecho de elegir por elección popular al «Gobernador y Capitán general, con toda paz y sin bullicio ni escándalo alguno».

El Paraguay fue teatro de varias revoluciones comuneras. En 1543 estalla la primera, ocho años después de la llegada de los españoles. El «común», compuesto de europeos e indios aliados, al grito de «¡Libertad! ¡Libertad!», prende al gobernador Alvaro Núñez Cabeza de Vaca, le carga de grillos y le devuelve a España en una carabela construida en Asunción y que lleva el nombre de «Comuneros».

En 1640 se inicia la segunda, que tiene por caudillo al obispo Bernardino de Cárdenas. Cuando lo desterraron, la provincia

se puso como esparto,
no dieron flores los valles,
trébol no dieron los prados,
las lomas no dieron rosas
ni los sotos amarantos;
trigo, maíz y legumbre
todo se queda agostado.

Cárdenas logra retornar y el común le aclama gobernador el 25 de abril de 1649. La sublevación se mantiene en pie durante veinte años: no fue dominada sino en 1660. En el curso de ella los jesuitas sufrieron su primera expulsión del Paraguay.

La tercera revolución, la de mayor resonancia, estalla en 1717 y dura hasta 1735, año en que logra someter a los rebeldes el gobernador de Buenos Aires, Bruno Mauricio de Zavala, gracias a la decisiva victoria que alcanzara en la batalla de Tabapy.

El acta inicial del movimiento de 1717 no puede ser más perentoria:

«Los religiosos de la Compañía de Jesús tienen y han tenido siempre a esta miserable provincia sujeta, abatida y arruinada. A costa del sudor, cuidado y desvelo de las armas de los vecinos, usufructúan todo lo pingüe de sus riquezas. Avasallan al pueblo con sus amenazas: lo tienen en suma pobreza, cogiéndose las mejores tierras de la provincia, por ocupar las cuales pagan arrendamiento los propios que las defienden de los salvajes con su sangre y con su vida. Ocupan propiedades ajenas, quemando las casas de los vecinos... Todas estas tierras son para un colegio que nunca mantiene más de cinco o seis sujetos, cuando bien pueden acomodarse en ellas más de 200 familias que andan vagando, sin tener un palmo de tierra en el Real Servicio, después de haber conquistado esta tierra a costa de sus vidas. No siendo menos perjudicial esto, por el tajo que hacen de los caminos públicos en todo lo que dicen ser suyo, causando a los vecinos de esta provincia innumerables trabajos y pérdidas de hacienda y vidas, por los rodeos que les obligan a hacer por los caminos y arroyos crecidos. No menos el daño que esta provincia experimenta de dichos religiosos por el modo con que se tienen abarcado el comercio del río y de las tierras, a título de Misiones y Bienes eclesiásticos, sin pagar la real alcabala, derecho de estanco a la ciudad, ni los diezmos a la Iglesia, alzándose con los yerbales de que esta ciudad es dueña, enviando a sus indios tapes para que echasen, despojasen y matasen a los beneficiarios españoles de dichos yerbales y a beneficiar grandísimas extensiones cada y cuando quieren, por su propia autoridad, sin licencia ni noticia de los señores gobernadores...», etc.

De aquí parten los paraguayos a su tercera revolución, ahogada dieciocho años después de estallar. Y lo que es más importante: ya se anuncia por los sencillos expositores de la época la doctrina de la emancipación con más nitidez que en las posteriores proclamas de quienes habrán de llamarse

Padres de la Independencia. «El poder del común —dice Mompó— de cualquier república, ciudad, villa o aldea es más poderoso que el mismo rey. En manos del común está admitir la ley o gobernador que gustase, porque aunque se le diese el príncipe, si el común no quiere, puede justamente resistir y dejar de obedecer.» Y Antequera: «El pueblo puede oponerse al príncipe que no procede *ad acqua et bone*. No todos los mandatos del príncipe deben ejecutarse. Manteniendo los pueblos en sí los derechos que se han expresado, criaron y disputaron a los cabildos, para que en nombre de los pueblos hablasen...»

En los comuneros de la Nueva Granada se ven juntos los de Lima con los de Santa Fe y en el caso del Paraguay —¡quién lo creyera!— atizan el fuego unos caballeros que han ido hasta Asunción, partiendo de Panamá. Son don José de Antequera y Castro, que, nombrado por las autoridades juez pesquisidor, se convierte en amigo de los levantados contra los jesuitas y redacta los documentos revolucionarios, y Fernando Mompó y Suyás, también panameño, que, al suceder a Antequera en la jefatura de los rebeldes, continúa su obra. Los jesuitas logran que Antequera sea juzgado por la Audiencia de Lima como revolucionario. Cuando se le lleva al cadalso, el pueblo se amotina para libertarlo. Disparan los soldados. Se cruzan espadas, y en la refriega muere Antequera. Pero ha dejado la semilla de la insubordinación. En la cárcel ha alcanzado a comunicarse con Mompó, que llega a Asunción para repetir las mismas palabras de libertad. Los hombres de Panamá y el pueblo de Lima y de Asunción se funden así en un mismo sentimiento. Es la diagonal de la revolución que atraviesa toda la América meridional.

De cómo estas ideas llegaron al común lo muestra este breve discurso recogido de los labios del pueblo:

«Jesús, jermano, qué de cosas tan grandes he oído al hombre docto en la ciudad sobre lo que puede el común: diz que puede más que el rey, a veces más que el Papa. Vea, jermano, lo que teníamos y no lo sabíamos. En verdad que esto nos lo callaban y no nos lo querían enseñar, porque no supiésemos que bien puede el común dejar de obedecer al virrey.»

Tan ardiente es la protesta en Asunción, hay tal conciencia y deseo de obrar, que se dan órdenes de esta calidad: «Luego que don Baltasar García Ros asome en las riberas del Tebicuary, extinguiremos de esta ciudad el colegio de la Compañía de Jesús, porque no queremos entre nosotros personas eclesiásticas que nos aborrecen y persiguen, y que tiran a consumir y aniquilar a los naturales de esta provincia; los que en caso de derrota vuelvan vivos de dicho paraje y acto de guerra, ejecutarán esta decisión: consumirán a don Diego de Reyes y a toda su generación, y también a nuestras mujeres e hijas, para que no queden expuestas a los riesgos y peligros con que son amenazadas y no degeneren de su nobleza.»

En 1735 queda ahogada la revolución, pero el espíritu subsiste. En 1746, el Cabildo de Asunción vuelve a repetir su continuo clamor y estado miserable en que se halla, suplicando asimismo a la católica benignidad de Su Majestad cuanto más preciso es, para la liberación de las rústicas industrias en que sus habitantes se ejercitan, el cierre de los estancos. En el Paraguay el estanco es de los caminos. Hay caminos que se clausuran, otros que se tuercen para mantener la circulación controlada en una forma absoluta. Llegan a cerrarse los puertos del mar, para dejar solo los de tierra y hacer que den las mercancías el más inverosímil viaje de interminables rodeos. Se prohíbe que las embarcaciones vayan a Buenos Aires.

Pasan los años, no oye el rey estos clamores, y como con las guerras de los ingleses aumentan los tributos, insiste el Cabildo; pero nada logra. Dos años después de la primera súplica dice el ayuntamiento: «Es evidente, señor, que a pasos largos se precipita esta provincia a su total ruina y desolación, si el rey nuestro señor no la atiende con amor.»

Estas notas no son sino discretos avisos, que pueden convertirse en una nueva guerra de los comunes, no ya contra los jesuitas, sino contra la corona. Cincuenta años después fue la independencia.

•••

Quito fue, cuando menos por dos veces, teatro de revueltas contra los impuestos y contra los encargados de cobrarlos. El primer motín fue contra las alcabalas, en 1592; el segundo, en 1765, contra los estancos. «Fue aquél —dice el presbítero Velasco— de todos los gremios y clases de personas; y éste solamente de la plebe.» El primero ocurrió exactamente hacia la misma fecha de la protesta del Cabildo de Tunja contra las alcabalas. El segundo se acerca a los levantamientos que están dentro del relato que forma la materia principal de este libro.

En la protesta de Quito contra las alcabalas se vio hasta dónde llegaba el furor del pueblo contra las exacciones económicas. Los cuatro oidores a quienes se consideraba como más culpables de la alcabala hubieron de refugiarse en el templo de San Francisco, mientras afuera el pueblo y todas las clases sociales formaban una guardia de furor, inflamada en gran parte por las arengas de todas las religiones, excepto la de los jesuitas, que buscó el medio de alimentar a los prisioneros y facilitarles luego la fuga. A un caballero se le quiso hacer rey, y como se negara, paseáronlo por toda la ciudad en un asno, desnudo de medio cuerpo, mientras le azotaban con hojas de fique, hasta dejarlo al borde del sepulcro. Días emplearon los de la Compañía en apaciguar al pueblo, hasta que, habiéndolo conseguido, por conventos e iglesias fueron buscando desde el presidente de la Audiencia hasta el último de los oidores, que todos buscaron asilo en las religiones.

•••

«He expuesto a la muerte mi vida, lo primero por europeo —dice, todavía pálido, cierto español que salió vivo del levantamiento en Latacunga—, porque es contra el europeo contra quien tiran los sublevados.»

En villas y campos se alzan artesanos y labriegos, comerciantes y esclavos de las minas. No se dicen hermanos, sino compañeros, y esta inteligencia inesperada deja perplejo al europeo. Un levantamiento de Quito a Latacunga, en 1765, muestra la relación de vasos comunicantes en que se encuentran la ciudad y el campo.

La plebe de Quito se alza contra las autoridades. El alguacil mayor, cuya cabeza es pedida por el pueblo, huye, y va a buscar reposo en Latacunga. También huye en la misma dirección el corregidor, vestido de fraile, y se asila en la casa de la Compañía. En Latacunga se sabe lo de Quito y la huida del corregidor. Concita al pueblo el mulato Javier, esclavo de don José Guerrero. Al son de cajas y alarma de cohetes se congrega la plebe y entra al colegio de la Compañía, llevando al mulato Javier por capitán. «¡Abajo el corregidor!», es la voz que sale de todos los pechos, y que llena, bronca, los claustros de los jesuitas. La autoridad intenta contener a los revoltosos. Como de costumbre, los frailes ruegan y suplican. El mulato es interrogado por los españoles. Le increpan su condición de alzado y que ande conmoviendo a la plebe. Y él, con una arrogancia que los años irán aquilatando, para mostrar toda su generosidad y nobleza, exclama: «¡Lo que yo estoy haciendo lo hago muy bien; y por esta plebe, de que ninguno hace aprecio, daré mi vida!»

Anda, el mulato, diciendo que Latacunga no debe permitir el amparo y refugio de los europeos, y todos buscan, para acabarlo a palos, al corregidor. Nadie le encuentra. Llega la noche, la gente se dispersa y el mulato se aleja, descorazonado, de sus compañeros. Era lo que quería la justicia. Cae sobre Javier la mano de otro corregidor, el de Latacunga, y a las dos de la mañana, remachándole un par de grillos, se le manda prisionero a los obrajes que tiene en su hacienda el marqués de Maensa. Pronto cunde la noticia por los barrios. Otra vez la plebe se congrega. El corregidor de Latacunga no huye, pero tiembla. Cuando la muchedumbre le cerca y le increpa, acaba por dar un papel a los revoltosos, ordenando que se ponga en libertad al mulato.

Algazara de fiesta arma la plebe, yendo a los obrajes del marqués para libertar a su compañero, con el papel del corregidor. Nunca se había visto por esos campos muchedumbre más alegre. Cuando divisan el obraje, hacen llegar a los oídos del mulato el canto de su victoria. Casi en hombros le sacan, y vuelven con él de triunfo. Las mujeres preparan pólvora y cohetes para recibirle. El marqués, cuya ira se enciende al saber que han violentado al corregidor, vuela sobre su caballo como un demonio de la venganza, y va derecho a tirarse sobre el grupo de plebeyos.

No llevan los indios sino el calor de su entusiasmo: ni un garrote, ni un machete, ni una boca de fuego, ni una piedra. Son el desamparo, que ha cobrado ánimos con el sufrimiento. Ellos, que hace dos noches sufrieron las amenazas del chapetón, cuando ofreció azotar a todos los de un barrio, han sacado fuerzas de su desventura para resistir. Cuando divisan al marqués, arman tremendo vocerío. Pero ¿qué son ante la cuña viva de un caballero bien montado, que se lanza blandiendo el sable? ¿Qué significa su resistencia ante el caballo que se precipita, atropellándolos?

«¡Perros, ladrones, borrachos!», grita el marqués, y toma al mulato, poniendo en la chusma pavor con su coraje. En una bestia va Javier, amarrado, camino de Latacunga. Salen las mujeres del pueblo, las que preparaban voladores para celebrar su salida, y dan con el prisionero. Imploran por su libertad, y solo les contesta el gesto áspero del marqués. El mulato, hablándoles en la lengua del inca, se vuelve a ellas y les dice que le sigan. El marqués replica, mirando fieramente a las mujeres y amenazándolas con echarles encima su caballo. En el corredor de su casa, y ante buen concurso de gentes, hace el marqués que le remachen un par de grillos a Javier, el mulato. «Con cuya acción heroica —dice el presidente de la Audiencia de Quito—, y otras máximas, puso escarmiento...»

El corregidor mira al marqués con admiración y envidia. Los españoles le toman por su libertador. El oficial del rey, humillado, le entrega su bastón de mando y al día siguiente le nombra juez ordinario, «con lo cual los indios tórnanse más suaves». La mano dura va apretando cada vez con mayor eficacia los tormentos. Solo el mulato rebelde y duro logra escapar de las prisiones y lleva por los campos la voz de su protesta. El dirá cómo la mujer del corregidor, en quien hay mayor entereza que en el marido, atropella la razón y la justicia, oprimiendo a los infelices. Dirá de los azotes del marqués y del oprobio del estanco y de las humillaciones infinitas.

Sobre estas escenas parece que cae la noche colonial como una lápida. Gracia insigne será concebir entonces una esperanza. Sin embargo, en la mente del pueblo se recordará todo esto para cuando llegue el día en que se levante Túpac Amaru... Los excesos de crueldad que se repiten alimentarán la conciencia de la revolución. «Vi que un indio alcalde traía a una india, involuntariamente, maltratándola con repelones y golpes. La piedad religiosa me obligó a preguntarle la causa de ese vejamen, a lo que me respondieron así el indio como la india: el uno con decir que era orden de la corregidora metiese a las indias forasteras a que hilasen dos horas por día en sus telares; y la otra diciéndome que la librase de ese trabajo, pues venía con la necesidad urgente de buscar un pedazo de azúcar para medicinar a su marido, que lo dejaba en los últimos términos de la vida...»

•••

Volvamos a la Nueva Granada. A Vélez, a los predios del Socorro y San Gil, a Charalá y Girón. Lejos de las aguas alborotadas del océano, sobre un ramal de la cordillera de los Andes, en tierras abruptas y fragosas, vive un pueblo que desafío con su altivez a los españoles en los días de la conquista y ahora renace en osadía.

Siempre los segundones han sido más crueles que quienes se encuentran en la primera fila de la escala social. Cabos y sargentos golpean a los soldados con más rigor que el capitán. Los curacas, en quienes delega el encomendero el cuidado de los indios, son peores que el encomendero. Los guardas y estanqueros son más duros que los oidores o el regente. Esto pasa ahora con la nueva política fiscal del visitador regente en el Nuevo Reino de Granada. Las ordenanzas e instrucciones sobre el estanco de tabaco y aguardiente, la alcabala y el gracioso donativo, son tenues providencias comparadas con la violencia de los guardas, metiéndose en el rincón de las montañas a chupar al indio su sangre, robarle su mujer, hundirlo en la cárcel.

Estamos en 1779, y empiezan a palparse los efectos de las nuevas ordenanzas. En el fondo de una vega no accesible para las caballerías sospechan los guardas que hay matas de tabaco. Es la finca del Zorro Ferro y sus hermanos. Los guardas acarician la idea de meter a los Ferro en la cárcel, no tanto por lo que puedan lucrarse del comiso, como por presentar a los ojos del pueblo un castigo ejemplar. Asiéndose de los bejucos, rodándose en las piedras, por una trocha miserable, descienden a la vega..., en donde no se ve sino un cebollar. Empiezan a dudar de su triunfo, cuando divisan unas hojas de tabaco. Cada mata tendrá de tres cuartas a una vara de largo. No es nada: son siete matas sembradas en donde no es permitido sembrar tabaco. Arrancan las matas, hacen de ellas menudo picadillo, echan a la cárcel a los Ferro y confiscan sus bienes.

En Girón, un guarda montado de la factoría sospecha que hay tabaco en la finquita de Pedro José Otero. Con dos del estanco se va de ronda. En un caneicito encuentra ocho sartas de tabaco. Las consume en una hoguera. El tabacal es de cuatrocientas matas. Las arranca. Se procede al embargo de los bienes: un rancho de paja, un caneicito, dos labrancitas de algodón y una huerta. La casa está bien surtida: tres fanegas de maíz, una arroba de algodón, seis libras de hilo. El campesino, a la cárcel.

En Barichara vive Juan Filiberto de Mesa. Negocia en granos y tabaco. De acuerdo con el reglamento, se dirige legalmente al pueblo para ofrecer un poco de tabaco al administrador. De camino, se encuentra con los guardas.

«¡Perro ladrón! —le gritan—. ¡Ese tabaco va de contrabando!» Filiberto no acierta a resistir: le llevan a la cárcel. Los guardas se entusiasman, y lanzados en buenas cabalgaduras revientan cinchas camino de la casa de Filiberto. Toman preso al hijo y queman el tabaco. El hijo es un muchacho a quien aplican tormentos para que confiese los bienes de su padre. Suelta él lo que sabe, bajo el rigor de las correas, y cuando se siente libre escapa con un hermano menor, y huye —iah dolor de su madre!— para siempre. Siete meses lleva en la cárcel Filiberto; su mujer, que está encinta, ve acercarse la hora del alumbramiento, arrimada a los alares de la caridad pública.

Cristóbal García manda a su hijo a San Gil para que venda tres libras de tabaco al estanquero. Al cruzar el río le detiene el cabuyero. Lo lleva a la cárcel. Y a tiene tres meses de prisión. A dos días de camino vive su padre. El viejo toma de cuando en cuando un bordón para ir a verle, buscando amanuenses que le redacten escritos —a doce reales cada uno—. Mueve cielo y tierra por libertar a su hijo. Acaba pidiendo prestados ochenta y dos pesos. Ochenta y dos pesos no son solo su ruina: son su esclavitud.

•••

Pensar en la justicia es pensar en esa maquinaria diabólica e incomprensible de la Colonia, En los escribanos, en los alcaldes, en los corregidores, en la Audiencia. Acercarse a esa trampa del papel sellado, la caligrafía, las firmas a ruego, los autos y las citaciones. La lengua popular acaba pintando en un romance este capítulo de los comuneros:

A callen los atambores
y vosotros sedme atentos
que éste es el romance fiel
que dicen los comuneros:
Tira la cabra pal monte
y el monte tira pal cielo;
el cielo no sé pa ónde
ni hay quién lo sepa hora mesmo.
El rico le tira al probe;
al indio, que vale menos,

ricos y probes le tiran
a partirlo medio a medio.
Presto le advierte el fiscal
que al alcalde vaya luego,
el alcalde lo transporta
sulcando valles y cerros
para que al corregidor.
él le confiese sus duelos.
El corregidor lo empunta
cargado de muchos pliegos,
diciendo que el protector
es quien atiende a sus ruegos,
y el protector lo dirige
al oidor santafereño,
oidor que no tiene orejas
y que acuerda sin acuerdo.
Resta al indio querellante
como su mero consuelo
el rey de España y las Indias,
¡pero el rey está muy lejos!...

•••

Pero, ¿qué os pasa, compañeros, que no levantáis el grito frente a tamañas injusticias? ¿Os olvidáis, acaso, plebeyos del Socorro, de Chanchón? ¿No recordáis al cacique legendario de esta tierra, que una mañana, en los albores de la Colonia, convocó a sus indios para hacer guerra al español? Entonces, amigos, hubo mayor fuerza y la dignidad de la raza supo defenderse con altivez. Los chapetones, es cierto, mataban indios, pero los indios reían de la muerte y se daban el placer de llevar al día siguiente de la matanza, como estandarte, la cabeza y pantalones de un español envenenado por las flechas. Aún viven libres, indómitos, los guanes en la serranía, cerca de Charalá. Cien mil eran los guanes a tiempo de la conquista; ya no son sino dos mil, porque el español, la viruela, las lanzas y el plomo han desportillado sus falanges. Pero esos dos mil hombres libres son ejemplo vivo de libertad ¡hijos de Charalá!

VI. Notas sobre la luz y el color

«Los documentos nos dan escasa noticia de la diferencia en el tono de la vida que nos separa de aquellos tiempos...»

J. Huizinga

El paisaje del siglo XVIII no se volverá a ver. La tierra es más oscura, más sombríos los caminos, más largas las noches, más agudos los gritos, más hondas las cañadas, más arrogantes las aguas. Las historias, llenas de miedo. El hombre trata de taparse, esconderse, hacerse doble, para moverse dentro del círculo azaroso de celadas y traiciones que le cerca. Hay cobardías que no podrá explicarse el hombre del siglo XX. Y voces broncas que retumban en las plazas, como en el jamás de los jamases volverán a oírse.

La mano del hombre irá con los años rozando los montes, hasta dejar las faldas calvas, verdes, claras, dándoles suavidad en la forma y alegría en el color. Esas mismas faldas, en este XVIII, son oscuras, crespas. Están vestidas de maleza o dominadas por la selva. Al aclararse los montes, se secarán los aires, y las gruesas nubes de estos días irán cediendo la pista azul a velloncitos de armiño que escarmenarán vientos de cristal. Los cerros pelados del XX, con sus casitas blancas y vacas de pesebre, no serán fuente de humedad, no serán este colchón de musgos, esta esponja fresca que en el XVIII se resuelve en hilos, en copos, en carneros de agua, en riachuelos, en quebradas, en ríos tumultuosos que ni dan vado ni guardan equilibrio.

La luz y el aire futuros serán distintos. Otra será la atmósfera que envuelva el rostro de los hombres y cubra el paisaje. Los caminos no estarán cerrados de abrojos como ahora; serán abiertos, seguros, sin estos rincones en donde la noche se anticipa y no entra de lleno el Sol de la mañana. La noche es mucho más larga en el siglo XVIII, el hombre no tiene todavía cómo vencer el imperio de las tinieblas. El pueblo duerme con los últimos toques del Ángelus, cuando pinta la oración. Salir a medianoche es exponer el pellejo, y esto solo lo hacen jugadores y calaveras. De cuando en cuando hay una familia que se mueve con esclavos y criados, llevando un farol, como el cura, con sacristanes y familiares, para socorrer a un moribundo. Del fondo de la noche sale el miedo, miedo que acobarda a las gentes maduras, se posesiona del ánimo y persiste en plena claridad diurna. Un miedo justificado: son muchas las cosas que se ignoran; no ha aprendido a defenderse el hombre de la naturaleza; se mete hasta el centro de la plaza el mundo de la selva, con sus bestias bravas; la culebra se desliza por el tinajero donde se conserva el agua fresca para los menesteres de la casa.

A medida que la ciencia vaya ofreciendo al hombre herramientas para defenderse de la naturaleza, cuando los montes se limpien, y las ciudades lleguen a ser del exclusivo dominio del ser humano que las habita, disminuirá el número de los riesgos. Muchas cosas sujetas al azar quedarán bajo el control de la policía, de la organización social. Por ahora, se juega de continuo la vida. La cercanía a la muerte, por ser más notoria, obliga a invocar fórmulas mágicas para alejarla. El hombre que no tiene cómo defenderse de las fiebres, las úlceras, los enconos, se acoge al milagro, busca una fuerza sobrehumana, brujerías que alimenten su esperanza. El siglo XVIII es medroso, mágico, supersticioso, cargado de sombras y toques luminosos, como las vidas de los frailes en la Edad Media europea.

En el XVIII la tierra es más quebrada. Los caminos se descuelgan verticalmente por las faldas de la cordillera. No hay la preocupación por buscar las curvas de nivel, y es necesario que el agua ruede y no se apose en el canto de los cangilones. En el XX, los peatones andarán por caminos llanos. Alegremente irán, con la mirada tendida sobre el horizonte, divirtiéndola en el juego que hacen las columnas de polvo detrás de automóviles que se pierden en la lejanía. En el XVIII, el hombre vive trepando empinadas cuestas, tirándose por atajos, midiendo el paso para asentar la planta en la piedra más ancha y segura. Es más ágil, sagaz y fuerte. Vive en gimnasia continua. Tiene las piernas duras, protuberante el huevo de la pantorrilla, seco y vigoroso el pie, siempre desnudo. La curva sensual de los caminos llanos solo vendrá con el predominio definitivo de la rueda.

No hay en el XVIII sino cuatro o cinco puentes de calicanto en un país tan dilatado como la Nueva Granada, que tendrá dos o tres veces la extensión del reino de Francia, y que, por otra parte, es el país de los mil ríos. Las tres cordilleras cubiertas por la selva, forman en sus seis vertientes un sistema de aguas que se oye resonar en todo el territorio. El golpe de las aguas acompaña como canto bárbaro la vida de los hombres y acabará por perderse cuando todo se suavice en manos de una civilización más avanzada. Si ahora crece el río, la creciente hace temblar las entrañas del monte y retumba en los oídos como algo siniestro. El golpe del rayo es una descarga directa sobre la beatería, que se santigua pensando en que se salvó por milagro de las iras celestes. El ruido del torrente que sale de madre pone en fuga a los caballos, que paran las orejas y se disparan al monte, más temerosos del borbotón de las aguas que de las acechanzas del tigre.

Los ríos marcan los hitos de la ruta. Los que no dan paso hay que cruzarlos, en los cañones, por cabuyas. El viajero se monta en los tres palos que cuelgan de la garrucha, y mientras se le van los ojos viendo estrellarse en el abismo las corrientes del río, el cabuyero le empuja hacia la otra orilla. Si se cortan las cabuyas, la república queda convertida en archipiélago. Toda comunicación de unas regiones a otras desaparece. Cuando en la guerra de los comuneros diga el generalísimo Berbeo: «¡Que se corten las cabuyas!», quedará el Nuevo Reino dividido en cien islas, y los ejércitos del virrey pararán sin remedio en las orillas viendo saltar carneros de agua.

La luz escasa, los caminos difíciles, la imposibilidad de recurrir a nadie para solicitar su auxilio, dan una sensación fatal de soledad. Un hombre que salga del Socorro para Bogotá deja a su familia detrás de una escala de abismos y no sabe si volverá a verla. Cuando en el XX manden a Cartagena a un soldado del Socorro, sabrá que de Cartagena al Socorro no hay sino unas cuantas horas de vuelo de aeroplano; que el correo llevará sus cartas de un día para otro, que por los hilos del telégrafo sus mensajes correrán en minutos distancias de leguas. Nada de esto ocurre en el XVIII. Las despedidas son tiernas, y una sensibilidad llorosa le da a la vida un tono como el que Huizinga piensa que tiene la Edad Media europea. Soledad, aislamiento, son notas que dominan este paisaje de la sociedad neogranadina. Que modifican el carácter y determinan acciones de otra suerte imposibles de explicar.

El mundo tiene que ser arbitrario.

¿Quién podrá vigilar al alcabalero? ¿Quién pedirá cuentas a los corregidores? O, tomando por el reverso la medalla, ¿quién fiará en un juez de residencia? El encomendero es señor feudal. Los siervos no encuentran justicia que les proteja sino al amparo del amo. Llegar a la Audiencia o al protector de indios es pensar en algo que está fuera de su mundo y posibilidades. Los alcaldes ordinarios o los indios alcaldes son más crueles: en halagar al amo tienen la mejor recompensa. El indio acaba por buscar el ablandamiento de su dueño lamiéndole las manos como un perro y ofreciéndole una fidelidad sin límites. Dentro de un mundo tan difícil y lleno de incertidumbre, acercarse a buscar la protección del encomendero, o de quien le ha sucedido como dueño de las haciendas, puede ser una solución. Apenas el ingenio —¡nunca jamás la fuerza!— puede aliviar la situación de los humildes. De aquí nacen el disimulo, la malicia, la mentira, máscaras que han venido modificando el carácter de los indios hasta presentarlos con una doble personalidad.

Lo mismo que los indios con doble personalidad, los de arriba tienen que moverse dentro de una doble apariencia. Hay que fingir, porque fingir es una ley de la naturaleza en este mundo equívoco, rodeado de fórmulas y montado sobre estratagemas. Gritan los cobardes y ahuecan la voz, para que no se les conozca el miedo y llegan a prodigios de valor. La traición es necesidad del ambiente histórico. Los hombres que juran delante del pueblo, y corren enseguida a casa del escribano para hacer abjuración, no pueden considerarse como especialmente viles, ni juzgarlos con el criterio de otras épocas en donde las circunstancias han sido diferentes. Deben entenderse o explicarse dentro del círculo de influencias que los estrechan.

El siglo XVIII es una mezcla de terror y piedad. En el XX servirá el derecho, al menos dentro de ciertos límites, para resolver conflictos sociales. En el XVIII no hay sino un refugio para los humildes: la piedad de los poderosos. Y los humildes suplican, imploran; no piensan vencer el corazón de la soberbia, sino ablandarlo. Quien quiera dirigirse a un superior dirá invariablemente: ruego a usted, suplico a vuestra señoría, imploro la gracia de vuestra alteza. ¡Su merced —fórmula de gracia— es clave del siglo XVIII! Todo esto parecerá en el XX cobardía, falta de valor personal: en el XX podrá apelarse, existirá un derecho de queja, se tendrá una autoridad accesible a quien dirigir un reclamo. En el XVIII no se ven sino relaciones inmediatas de siervo a amo. Da pena ver cómo los sabios acaban por besar las manos de ciertos jayanes a quienes la colonia ha puesto frente de los negocios públicos. Pero caer entonces en desgracia es mucho más grave de lo que generalmente se supone.

Por estas circunstancias, el alzamiento de los comuneros es más osado, extraño e imprevisto de lo que suele creerse.

VII. El socorro

«Es el curato más cuantioso de todo el arzobispado...»
Basilio Vicente de Oviedo

Llegan a la plaza del Socorro los comuneros. Borbotón de vocerío, que se derrama por las calles vecinas y resuena amenazador en los zaguanes. Es la plebe de los campos, que ha venido al mercado y se aburrió definitivamente de los estanqueros. ¡Que viva el rey y muera el mal gobierno! A la cabeza de la turbamulta van el zarco Ardila, Roque Cristancho, el cojo Ardila, Miguel de Uribe y la Manuela Beltrán. Todavía cierto temor les obliga a ir con los sombreros gachos, para que los chapetones oigan el grito, pero no vean la cara. ¡Ya no se soportan más impuestos, no se toleran los guardas, nadie quiere los estancos!

Gritan más las mujeres que los hombres. Piensan los esclavos en su libertad. El indio sueña librarse del pago de la alcabala. Por primera vez se levantan garrotes y machetes. Manuela Beltrán hace de cabeza a la chusma y llega hasta las puertas del Cabildo. En una tabla está fijado el edicto en donde se anuncian los nuevos impuestos. Las armas reales amparan el papel. Las armas reales son sagradas. Manuela arranca la tabla y pisotea el edicto. Un clamor de alegría rebota contra las paredes de las casas principales.

•••

Todo el Socorro es de piedra. La ciudad, edificada sobre una sola roca, en plano inclinado. De piedra es el piso de las calles, de piedra los caminos que van a San Gil, Charalá, Girón. De piedra los muros de las casas, que por ocultar su dureza y tosquedad se han encalado, como si ese candor no se cayera al primer rasguño, dejando desnuda su fortaleza. De piedra los pilares en los patios. De piedra el brocal de los aljibes.

El mercado es tan grande que de la plaza se vuelca sobre las calles vecinas. Una mitad del mercado la ocupan los comerciantes en tabaco. La otra mitad, los que venden añil, o mantas, burdas o finamente tejidas. En las calles están los vendedores de miel y panela. En recuas llegan las mulas. Trotecillos sonoros sobre los empedrados. En las ventas, indias y árrieros apuran sorbos de chicha en grandes totumas, beben aguardiente, o se acurrucan en los poyos a tomar ajiaco. Hay un olor a mula sudada, a albardas y cueros, a lodo, a fermento de chicha.

Los Plata, que son los ricos, llegan picando las mejores bestias; brillan chapas de plata en las sillas jinetas, en las jáquimas, en los botones de sus trajes. Van del mercado a la notaría, rodeados de compradores, y dictan al escribano su voluntad: ora la venta de una esclava mulata, ora la compra de un solar.

Es la gran feria de la región. Los curas de Chiquinquirá llegan al Socorro y se escandalizan. ¡Qué libertades, Dios, mío! ¡Qué jolgorio, qué confusión!«En el Socorro son tales las desenvolturas, que, sin tocar a hipérbole, no tienen comparación con las que en los demás lugares de la vecindad se manifiestan», apunta un cura. Y agrega: «Solo diré que desde las vísperas de la primera misa de aguinaldo hasta la antevíspera de los santos reyes, pasan las gentes informes y en continuos alborotos por calles y plazas, entregadas a juegos prohibidos, a los fandangos y, lo que es más, a brazo partido con Venus y Baca.» El cura pide que se acabe con las fiestas de toros, comedias y fandangos si no quiere consumarse la perdición del reino.

Debajo de este bullicio, que no es sino máscara de la comedia, la miseria hace abundante siega. La feria es la feria, pero a la feria no se va sino para recoger el fruto de las jornadas y consumirlo en borracheras y jugarretas. El Socorro es el nudo de piedra en donde se cruzan todos los caminos. Esos caminos llevan al trapiche que llora miel, al rancho en donde se apaga el hambre a sorbos de silencio, al tabacal que los guardas rondan, arrancan y exterminan. Dos años apenas hace que «en solo la villa del Socorro perecieron de hambre más de seis mil racionales, siendo teatro funesto de clamores tristes y de cadáveres fríos, que representaban en los caminos desiertos o en las calles solitarias», dice el padre Finestrad.

Con alegría se está pasando la voz de la revuelta. Se disparan unos cohetes, y a esta señal las gentes se precipitan gritando: «¡Viva el rey y muera el mal gobierno!» De un instante a otro, de un día a otro, crece el bochinche. La voz del común se levanta. Nombrará sus capitanes, tendrá procuradores, levantará los impuestos, desterrará a quienes quieran oponerse a sus empresas. La empresa es una misión casi sagrada. Una fuerza arrolladora que pondrá en fuga a los chapetones. «¿Quién puede contener la plebe? No lo consiguen ni los jueces», afirma el viejo don Salvador Plata. Y agrega: «Así que el tumulto crece, es preciso que los jueces manifiesten cobardía, ya que el alcalde ordinario, don José Ignacio Angula, ha salido fugitivo, y lo mismo hubiera ejecutado el teniente don Clemente Estévez: solo que en la premura optó por refugiarse en los embovedados de la iglesia».

•••

A son de guerra repican las cajas, a son de guerra gritan las mujeres. Los campesinos, la chiquillería, todos quieren presentarle combate al chapetón. Anda por ahí Juan Francisco Berbeo, uno «de calidad», que tiene hogar en la villa y se codea con los principales del lugar. En su casa, que parece un garito, las velas que él enciende por la noche no se apagan sino al amanecer, cuando sus amigos salen embozados en nocherniegas capas, y, cansados, dejan sobre la mesa caballos de oros, sotas de bastos, ases de espadas, que han servido para divertirles y hacerles ganar o perder patacones. Don Juan Francisco es ceremonioso y gusta de darse importancia. Tiene rostro carnoso y repujado. En la frente, ancha, aunque plebeya, las arrugas forman dos gruesos surcos. Sobre los ojos de trasnochador, las cejas cierran, peludas, unos párpados ligeramente hinchados. Cuando dobla la cabeza —que suele llevar erguida—, la papada le rebota por debajo de las patillas. A don Juan Francisco le gustaría ascender, conquistar honores. La plebe, más astuta de lo que parece, lo sabe, y grita: «¡Que viva nuestro general, don Juan Francisco Berbeo!»

Don Juan Francisco se golpea el vientre —es ventrudito— con vanidades y satisfacción. Cuadrado y bien firme sobre sus cortos remos, observa el mar de cabezas que se menea debajo de los sombreros agitados al aire. Mira con algún imperio a quienes le aclaman, imprime a los labios un gesto duro de comandante, y dice: «Listo estoy a servir a vuestra causa como general, si me nombráis capitanes.» La voz de la plebe subraya con entusiasmo esta primera victoria.

Don Juan Francisco pondrá en orden al pueblo. No tiene nada que perder, pero sí mucho que ganar en la aventura. Su ambición, hasta el momento, se ha reducido a rematar la renta de alcabalas, para la cual hizo posturas ante las autoridades de Santa Fe. Todavía, pasados tres meses de estos sucesos, otorgará poder especial a uno de los procuradores del ministerio de la Real Audiencia de Santa Fe para que a su nombre adelante y concluya los pregones del remate. Don Juan Francisco, que ya ha tirado al caño la fortuna de su mujer, y no hace dos meses vendió su hacienda, necesita abrirse otros caminos para salir a flote. ¡Qué madera de general la que toparon en él los socorranos! De hoy en adelante hay un don Juan Francisco Berbeo, superintendente, comandante y capitán general de la villa del Socorro, San Gil y sus jurisdicciones y demás lugares congregados, etc.

•••

Se necesita nombrar capitanes, pero ¿quién podrá ser capitán entre la plebe? ¿Quién sabe escribir una boleta? ¿Quién organizar una marcha? Sobre todo, ¿quién puede ser mascarón de proa que tenga facha de capitán, a quien se reconozca autoridad y pueda hablar a los de la Real Audiencia en lenguaje inteligible para los golillas?

«¡Capitanes, capitanes!», brama el populacho, pero no sabe en dónde están. El cojo Ardila no pasará de ser el cojo Ardila. Ni Roque Cristancho es otra cosa que Roque Cristancho. Ni el zarco será jamás sino cabeza de pandilla. Los ojos se vuelven hacia don Salvador Plata. Es el hombre de las bestias finas, de las sillas con chapas de plata, del espadín y casacón de terciopelo. Así son los capitanes de esta historia. El pueblo no va a poner la cara: que la pongan los ricos. Si la empresa fracasa, que ninguno del pueblo aparezca con el rostro desnudo para que sobre él se sacie la venganza de los corregidores. Es mejor que la persona responsable sea el señorón del lugar. Mañosa treta, que la astucia del pueblo inventa para poner de mampuesto de sus ejércitos al rico. ¡Que viva don Salvador Plata, capitán por el común del Socorro!

¡Pobre don Salvador! Pensar que van a hacerle capitán de alzados, a él, para quien el rey es como la estampa de la Virgen. «¡Estáis locos, muchachos!», les grita, levantando las manos temblorosas. La plebe le asedia, cerca, ahoga. «Vamos —dicen— a quemar el tabaco, vamos a saquear el estanco». «Pero ¿estáis locos?», repite don Salvador, y avanza resuelto a contener la plebe. El no dejará que instintos salvajes les lleven hasta poner las manos en las cosas sagradas de la real hacienda. El pueblo le saca a flote como un balso. Se toma el tabaco del estanco y se quema en la plaza. Se acabó el reglamento del regente y habrá libertad para sembrar, para vender, para quemar, para humar.

«¡Que viva el capitán Salvador Plata!», gritan. Y don Salvador llora, suplica, se arrodilla. ¿Cómo va a ser él lo más sucio que existe en las leyes: capitán de alzados? El pueblo necesita una máscara, y no hay máscara mejor que don Salvador Plata, enchapado en plata, sabedor de letra menuda, amigo de litigar, blanco y peludo como los capitanes españoles. Por más que trata de fugarse y esconderse, por más súplicas que hace para ablandar el corazón de la plebe, queda nombrado capitán, y con su título confirmado por el vocerío de la muchedumbre, que ríe, goza, vocifera, amenaza, canta. Se ha puesto en regla, con su general y sus capitanes. Ya no están solos Berbeo y don Salvador: son también capitanes don Joaquín de Vega, don Diego Ardila, don José Antonio Estévez y don Antonio Monsalve. La flor y nata del Socorro... ¡Sí, señores: la empresa marcha y el triunfo no se hará esperar!

•••

El nombre del Socorro se propaga como palabra mágica de libertad a todos los confines del Nuevo Reino. Por los caminos de herradura, a galope tendido, van los precursores llevando el grito. Por los desechos, los chasquis pasan de pueblo en pueblo la voz. En un instante se encienden con banderas rojas las plazas de los pueblos. Los cohetes queman al aire truenos de pólvora y anuncian de valle en valle, de monte en monte, la buena nueva. Todo parecía preparado para que el pueblo soltara la lengua, se precipitara el asalto de los estancos, irrumpiera en las villas cantando su Marsellesa.

A las puertas de un caserío llegan dos jinetes, entre mulatos o pardos. El uno es alto de cuerpo, el otro, pequeño y gordo. El alto, bien plantado y prieto, llega en una bestia oscura; su traje es vistoso; con la solapa de bayeta azul, calzón de lienzo azul listado, sombrero de paja, botas verdes popayanejas. El otro, el pequeño y gordo, que monta en un bayo asustadizo, con blusa blanca de lienzo, calzón listado y sombrero de paja, no viene mal como escudero. Traen ambos, sobre las sillas, sus ruanas y cobijas blancas. Son los heraldos del levantamiento. En los corros de esclavos, en las ventas, a campo traviesa, en las calles del pueblo, cuentan a todos el cuento del Socorro. ¡Quijotismos neogranadinos!

En el Socorro se instala el cuartel general de los insubordinados. Llega a Cartagena un propio socorrano, y tiembla el gobierno. Se presenta a cualquier sitio uno que dice ser de los socorranos, palidecen los chapetones y se echan a la calle cuantos aman la revolución.

•••

El Socorro centraliza el movimiento. Toda la cordillera es nido de revoluciones. San Gil, Charalá, Girón, Chima, Oiba, Vélez, las ciudades y las villas, las poblaciones chicas y las grandes, van formando en un solo batallón. A son de cajas se reúne el común, y el común desconoce a las autoridades constituidas, nombra capitanes y se apresta a la campaña. Berbeo imparte órdenes, nombra comandantes, y el pueblo dicta decretos de confiscación o de movilización a los capitanes. Banderas negras y rojas tremolan en todos los sitios. Se proclama la independencia en muchas partes. El padre Finestrad dirá más tarde:

«La insurrección continuó sus desleales atentados por las calles, a son de caja, con bandera negra, excitando en unos la desconfianza con el rey, en otros la contumacia a sus mandatos, en éstos la conspiración contra la real justicia, en aquéllos la destrucción del erario de Su Majestad, y en todos la acción más tirana y más cruel contra el honor de Su Majestad, apedreando sus reales armas, expoliándolas de la antigua posesión de su lugar, arrojándolas a tierra, pisándolas con vil desprecio, haciéndolas menudos pedazos con las lanzas y, en algunas partes, sacrificándolas vergonzosamente a las llamas en públicas hogueras. Declaró su independencia, quiso gobernarse como república soberana, nombró magistrados, estableció un consejo supremo que lo componían seis capitanes generales con su secretario de estado, para la fácil y pronta expedición de los negocios de la empresa, saliendo de este supersticioso tribunal los títulos de tenientes generales, de sargentos mayores, de capitanes, con las ordenanzas para las tropas, aunque sin la formalidad propia de la milicia y los reglamentos para los comunes, con apercibimiento de multas pecuniarias, de azotes y de la vida...»

•••

Al día siguiente de reventar en el Socorro la revolución, estalla en Simacota. El pueblo tiene a la vista un incidente de la víspera: la llegada del administrador del estanco y de los guardas que vienen exterminando tabacales y decomisando contrabandos. Al pasar por Chima arrancaron dos plantaciones de dos mil quinientas matas. Cuando llegan a Simacota, el alcalde partidario de la parroquia les hace el obsequio de 1.920 tangos de tabaco, decomisados en la quebrada de La Montuosa. El pueblo se amotina a las ocho de la noche. Su gritería anuncia a los guardas que deben meterse debajo de las camas, mientras llega el momento de huir. El cura y el alcalde, como personas prudentes, así se lo aconsejan a los guardas, ellos lo entienden, pero no aciertan a escabullirse. El pueblo, en tanto, desea ser más expresivo. Así que sale el cura de la casa de los guardas y la plebe le ve, retumba el parche del tambor y empiezan los gritos: «¡Que viva el rey y mueran sus órdenes nuevas!» Granean luego sobre la casa guijarros. Con los puños en jarras, exclaman las mujeres:

«¡Salgan, que aquí están los dueños del tabaco que han aprehendido, perros ladrones!»

Atrévese a más la plebe, y amenaza con invadir la casa. Entonces sale al balcón el señor alcalde y dice: «Hijos: sosiéguense y digan qué es lo que pretenden, que todo se les concederá.» Dentro, los guardas tiemblan. La plebe exclama: «¡Que viva el rey y mueran sus órdenes nuevas!» Y bajo una lluvia de piedras, el alcalde tiene que entrarse y cerrar las puertas del balcón.

Pasan así las horas, hasta que dan —aunque las campanas no las den— las once de la noche, en la impaciencia de los amotinados. En cuya hora, viendo ellos que ni guardas ni alcaldes dan señales de salir, asaltan el patio de la casa con grande algazara, exclamando: «¡Salgan, perros ladrones, moñones, que aquí hay hombres, que aquí hay tabaco a cuartillo, y vengan a quitarlo!» Las voces retumban por los corredores. No queda a los ministros del rey más camino que salir a la escalera. Es ésta tan angosta que tres personas tapan el paso. «¡Señor, que nos matan!», dicen los guardas al administrador. Y a esta voz, alcalde y administrador abren fuego y disparan a su turno los ministros. El cura, que ve subir la marea, abre las puertas de la iglesia y saca una imagen de Nuestra Señora de Chiquinquirá, con cuya procesión la gente se apacigua, yéndose por de pronto con la Virgen. Quizás ella, apiadándose de los muertos que han hecho los guardas, oiga con oídos más benévolos que el rey, levante los estancos y deje que los campesinos siembren en sus tabacales.

Con todo, los guardas no se atreven a salir, y pasan la madrugada en vela, junto con el alcalde. Cuando levanta el Sol, el empedrado del patio está manchado de sangre. El pueblo se ha llevado sus muertos. Mañana nombrará capitanes.

•••

En Santa Fe hallábanse muy tranquilos el señor regente visitador y los oficiales de la Real Audiencia. Creía el regente que una máquina tan fina como la que había montado contra los pueblos —siempre tan fieles— nunca fallaría. «Esto está saliendo a pedir de boca», pensaba todos los días, de vuelta a su casa, frotándose las manos. En enero había escrito al virrey: «A consecuencia de las providencias que he tomado para el acopio de caudales con que subvenir a las urgencias de esa plaza, he logrado que, además de las considerables remisiones hechas desde que vuestra excelencia se halla en ella, por estas oficinas reales, se pueda aún repetir una que excede de lo que se había creído.» Estas satisfacciones se disipan como la niebla del amanecer, con la llamarada encendida en el Socorro. Voces secretas espárcense repentinamente en Santa Fe, ciudad de beatas y reales-ministros, acostumbrados al cuchicheo, y conversaciones de zaguán, sacristía, locutorio, convento, escritorio de escribano.

Algunos frailes se escandalizan. Otros reciben el cuento y no dicen nada. Rascándose los antebrazos por entre las mangas anchas de los hábitos, levantan los ojos hasta ponerlos en blanco, mueven la cabeza con dubitativo gesto, y exclaman: «Sea todo por el amor de Dios, bendito y alabado sea el Santísimo Sacramento del altar...» Vuelven al refectorio, pasan a los confesionarios, a la huerta, oyen la voz solapada del hermano que les dice: «La hora de las once, padre; la hora de las once, hermano»; unos y otros entran y apuran un traguito de aguardiente... (aguardiente: once letras).

El hermano portero, fray Ciriaco de Archila, va derecho a su celda. Con nervioso pulso escribe una larga tirada de versos. Fray Ciriaco ama la causa del pueblo y no desdeña el noble oficio de soplar los fuelles para que prenda la hoguera. Es dominico, pero en esta ocasión la hoguera no ha de ser como las de su glorioso padre, el de Guzmán, cuando quemaba o tostaba infieles, poniéndolos en figura de pollo asado. Esta vez será hoguera de liberación.

Fray Ciriaco vuelve a la portería, con cara de santidad y mucha sorna, y marrulla en el entresijo. Selecciona, entre quienes le visitan, un chasqui, y pone un pliego en sus manos. El chasqui sale, disparado, camino del Socorro. En el Socorro encuentra a Juan Manuel Ortiz, portero del Cabildo.

Juan Manuel abre el pliego delante de un grupo de amigos, y lo lee en alta voz. Los circunstantes aplauden y gritan de contento. José de Alba, el chasqui improvisado, exclama: «Animo, socorreños, que en Santa Fe ya saben del levantamiento, y los criollos se unirán al común del Socorro contra los chapetones.» La revolución, súbitamente, adquiere proporciones gigantescas. En tumulto salen todos los de la casa de Ortiz, y se convoca al pueblo. De pregonero actúa el propio Ortiz. Se hace grave silencio, y el pueblo oye por primera vez su cédula. Esta cédula circula enseguida de pueblo en pueblo, hasta cubrir el territorio neogranadino. Empieza de este modo:

¡Viva el Socorro, y viva el reino entero
si socorro al Socorro le prestare,
para dejar de ser ya prisionero
en la fatiga que cada cual hallare,
ninguno se recele ser primero,
supuesto que ve que hay quien se declare,
y así corramos sin temor al Morro
a dar socorro a quien nos da Socorro!

Los socorranos, mecidos por la fama, jamás creyeron verse en las alturas a que un canto suele llevar a los héroes. El verso se les mete por entre los rústicos oídos peludos con más encanto que el ruido de las cajas. Cada vez que el pregonero lee uno de esos calambures: «si socorro al Socorro le prestare» o «a dar socorro a quien nos da Socorro», brillan los rostros de inteligencia y regocijo. «Hay que darle pu'ai», dicen los indios, como metiéndole una puñalada por el vientre al visitador don Francisco Gutiérrez de Piñeres.

El pregonero alza la voz con mayores bríos y sigue la lectura del poema que si rudimentario, no por eso deja de arrebatar a los oyentes:

> Por Dios, Socorro, no dejes vuestra empresa
> ya que muestras el rostro destocado,
> pues a tu sombra irá nuestra cabeza
> hasta el fin del intento principiado.
> No temas de ninguno la fiereza,
> pues todos, aunque ahora de tapado,
> estamos renegando de la carga
> que llevamos a cuestas tan amarga.

•••

A medida que los años pasen, irán dándose las manos de padres a hijos, de una generación a otra, estos sentimientos de lucha contra los chapetones. Ese portero de Santo Domingo, fray Ciriaco de Archila, tiene un hijo llamado José Simón. Fray Ciriaco entró a la orden en Chiquinquirá, ya viudo, hace siete años. Su hijo también ha recibido tonsura o corona hace apenas unos cuantos meses, y se le ha enviado a Cartagena. El muchacho es tan inquieto como el padre. De Cartagena, para tenerlo en sitio más difícil, se le enviará a Santa Marta, en donde tendrá altercados con los demás frailes, y entonces se le deportará a Barinas, al convento de los Llanos. Perdido José Simón en la planicie ilímite, bajo el cielo que no recorta una colina, verá pasar en su mente ideas libertarias, y espiará las ocasiones. «Si a mi padre le desterraron de Santa Fe por libre, yo le vengaré desde estas llanuras...» Y José Simón recogerá a un llanerito cabezón, más resuelto y ágil que los otros, y le educará. Por la huerta del convento saldrán el fraile y el muchacho a divertir las horas conversando de utopías. El muchacho pondrá cara de asombro, abrirá los ojos, apretará los puños sintiéndose un general que a la cabeza de los llaneros haga trepidar los campos y dispare su tropa de lanceros al pecho de los españoles. Una visión épica de feroz caballero se dibujará en su mente. Y no en vano. Porque ese mocosuelo, con el correr de los días, será el general José Antonio Páez...

VIII. Melchor de Guzmán, el limeño[1]

«Oh bellísima Elena: aqui mi antigua pena a solas divertía: que suele en su cuidado ser amor en filósofo cansado que busca soledades...»

Melchor de Guzmán

El primer sospechoso a quien se puso la mano en Santa Fe tenía que ser un poeta. Poeta un sí es no es juglaresco, que salió de Lima, su patria, para venir a probar en Santa Fe fortuna en amores, si no reposo en olvidos. Cuando dejó a Lima, quemó las naves de su cuna, que debió ser ilustre. Todo es borroso en torno suyo, novelesco y gentil. Su oficio, platero, y como platero entra en la más vieja de las corporaciones santafereñas. Lleva a su labor, como buen artista, la intención de un poeta. Si trabaja en una moldura, hace que cada detalle, cada golpe de cincel, cada martillazo, obedezca a una intención, sea trasunto del fuego interior que guía sus manos.

¿Quién ha hecho, en la Colonia, coplas mejores que las de Melchor, el limeño? ¿Quién ha podido, como él, trabajar con igual delicadeza mensajes de amor en rimas deliciosas?

Ausente estoy y queriendo
tu amor tan a manos llenas,
que cuando estoy padeciendo
pueden mis penas apenas
decir lo que estoy sintiendo.

Amo sin dejar de amar,
lloro ausente y sin provecho,
y sin merecer gozar
solo está mi pecho hecho
a padecer y gozar.

La ausencia es muy de sentir
y mi amor es tan callado,

---

1   Véase en el apéndice de este mismo libro una ampliación del tema. (N. del E.)

que sin poderlo decir,
aunque en este estado, he estado
mil veces para morir.

Lástima dan mis pasiones
a quien las siente y anima;
ya mi amor con mis razones
dando lástima lastima
los más duros corazones.

Llorar sin suspiros quiero,
y muero si no suspiro,
y al suspirar solo aspiro,
y si no suspiro, muero
con las ansias de Cupido.

Échame, y de mí en tu sueño
no te desveles por mí,
que no será de otro dueño
el corazón que te di.

•••

En este levantamiento de los pueblos hay una voz que todo lo anima y da profundidad. Es la crónica peruana de Túpac Amaru. El inca mozo ha vuelto por los fueros de su raza. Ha juntado los ejércitos indígenas, y desafiado el poderío de los chapetones. Esto se sabe en Cartagena, en el Socorro, en los Llanos, en Santa Fe. El limeño Melchor será en Santa Fe el hombre que sabe todo lo de Túpac Amaru. Sus amigos del Perú le están informando de cuanto allí ocurre, y a su casucha del barrio de Las Nieves llegan los chasquis trayéndole pliegos misteriosos. El limeño saborea los recados como si fueran poemas. Hay en la vida de los revolucionarios sentido de lo heroico, anuncio de aventuras, principio de romance. He aquí, en uno de esos recados que Melchor guarda en un cofrecillo de cuero, narrada, de la mejor manera, la aventura de Túpac Amaru: «Noticias de Lima y sucesos en el distrito de este reino del Perú. Habiéndose promulgado en todo el virreinato el establecimiento de alcabalas, como comprende también a los indios ricos, se estancó el Inga, y luego escribió una carta al cacique del Cuzco, haciéndole presente que, siendo las Indias suyas por naturaleza, no solo no las gozaban, pero aun pagaban tributo, y ahora alcabala. Que trataba de rescatarlos, para cuyo fin tenía 27.000 indios de su partido, y que solo aguardaba que los auxiliase con los 30.000 del suyo para numerar cincuenta y siete mil. Remitió esta carta al cacique, y habiéndose perdido antes de llegar a sus manos, cayó en las del corregidor, quien al punto cogió al cacique y dentro de tres días lo ahorcó, le confiscó los bienes para el rey y lo hizo cuartos que puso en los caminos reales. Sabiendo el Inga este suceso, alistó su gente, partió al Cuzco, cogió al corregidor y dentro de tres días lo ahorcó e hizo cuartos que puso en los caminos reales, sepultando en sagrado los del cacique. Y confiscándole todo su caudal, que era grande, lo repartió entre todos los indios del Cuzco, y se retiró. Sorprendido nuestro virrey, de acuerdo con el regente y el visitador, destinó un piquete de 900 hombres, que fueron a aprisionar al Inga. Salieron, y teniendo noticias de ello este indio, montó su gente sobre las armas y salió al campo al encuentro, en donde lastimosamente quedó la mayor parte de los nuestros, porque los demás huyeron y se refugiaron en la iglesia de aquel pueblo de Tinta. Siguiólos el Inga, y viéndolos refugiados, dijo al cura que luego sacara de la iglesia al Santísimo y todo lo demás, puesto que iba a dar fuego a la iglesia. Resistióse el cura, pero en vano; porque le ofreció que hasta él sería abrasado. Sacó el cura todo lo de la iglesia, y al punto le pegó fuego, en donde acabaron de perecer abrasados los pocos nuestros que quedaron. Luego pasó donde el cura, le dio una cantidad de pesos para que adornase una capilla en tanto que a su costa hacía una iglesia, la mejor de este Perú, y retiróse. El cura dio cuenta de esto al obispo y el día seis del corriente diciembre mandó leer una carta a la comarca, declarando por excomulgado al Inga; éste, con esta noticia, le escribe en una carta estas palabras: «Digno de reparo se me hace que todo un señor obispo declare por excomulgado a uno que por todas cuatro partes es indio legítimo como yo, pero con la turbación lo disculpo, y que se le olvidó que los de esta clase somos incapaces de excomunión. No obstante, mañana protesto pasar a tomar la sopa con V. S. I., a conferenciar sobre este asunto y a hallarme pasado mañana en la fiesta de la Limpia Concepción. Prevenga esa Madre, monseñor, no se sobresalten con mi llegada, asegurándoles que mi departamento y el jefe es fiel custodio de su sagrado: y a esas gentes que con los pacíficos soy pacífico, y con los guerreros, guerrero.» En este estado sale este correo para su ciudad. En el que le sigue sabremos primores. De esta ciudad solo se sabe la exterioridad del visitador contra el dictamen del virrey, regente y Audiencia. Sale fulano con tantos hombres que tiene ya sobre las armas, listo a estropear al Inga y a freírlo en aceite por traidor al rey. Malas consecuencias se vaticinan y aguardan, estando los ánimos conturbados, restringidos y propensos... Este es el estado presente del miserable reino peruano, el que en versos mudos dice: Que a los pasquines les trae gente del reino feliz...

«Por muy cierto se afirma que ya el Paraguay tiene potencia coronada...»

•••

Las delaciones están en Santa Fe a la altura de los sobresaltos. Finge la imaginación que un ejército de socorreños viene sobre las goteras de la ciudad, y no es equivocada la ficción, porque de veras los socorreños se preparan a organizar el ejército de la plebe. Los más listos aguzan el oído para saber qué dice Melchor, el limeño. El debe tener la clave de Lima y la del Socorro. Melchor, en corro de amigos, suelta con cautela sus noticias. Alguna persona lleva la delación a casa del ayuntamiento: que mientras pasaba por San Francisco una procesión, el limeño conversaba con un grupo de amigos, los unos de ruana, los otros de capa, a quienes no pudo reconocer; les decía que en Santa Fe se alistaban ahora, secretamente, 300 hombres, que irían a unirse en Zipaquirá, a los del Socorro...

La autoridad toma, con el sobresalto y prudencia que cualquiera supone, esta denuncia. Se llama al alcalde del barrio de Las Nieves y se prepara la ronda para esa misma noche. A las once no hay un filo de luz en la ciudad, si no es el miserable y escondido que anuncia el hogar de los tahúres por la base de una puerta de cuero o la rendija de una ventana. De la plaza mayor salen los ministros del rey, embozados en amplias capas, las espadas al cinto. Un criado sigue delante con un farol. No se oye otro ruido que el del agua de los caños, que, por el centro de las calles, brilla y cabrillea. En San Francisco es ya el golpe de la quebrada, cuyo cauce es más oscuro, bajo ramajes de cerezos, cucubos, arbolocos y chusques. Las botas herradas de los ministros difícilmente pueden callar el secreto de la ronda. Un gato de terciopelo se enarca y atisba con ojos de fósforo y cristal: luego, desaparece veloz, por tapias y caballetes, y se le ve más negro, suave y nocherniego, entre la geometría de los papayas, que tienen escuela de arte decorativo en los solares. Cuando la ronda llega a Las Nieves, acorta el paso. Son más de las once. Se encamina con tiento. Las últimas palabras que se cruzan los agentes del rey podrían confundirse con el ruido que hacen las hojas entre la escasa brisa nocturna. Están ante la casa del limeño.

Con la mano abierta, y a toda gana, golpea el alcalde en la puerta. Parece que la va a tumbar. «Es de parte del rey», exclama con voz fuerte. El limeño y su mujer, que están hechos un ovillo entre la cama —para matar el frío—, alzan la cabeza con sobresalto. Prende Melchor una vela de sebo, y metido en un largo camisón blanco, la palmatoria en la mano, descorre los cerrojos, da vuelta a la llave, que hace un ruido infernal, y recibe a los visitantes. En la vecindad, quienes oyen los golpes se tapan mejor con las cobijas, se persignan y sienten que el susto les corre por las carnes y se las salpulle.

•••

La mano de la justicia revuelve, busca y no halla. Apenas en un cofre de cuero hay algunas manos de papel, todas emborronadas. Con dificultad descífranse los garabatos: ¡versos, versos, versos! Versos místicos, silvas amorosas, un drama en verso, como es obvio. El menos lerdo se atreve a leer, y lee:

Dejemos el cielo en donde
reina contento y placer,
y llegaremos a ver
lo que acá se nos esconde.
Que su gloria corresponde
a los preceptos de Dios,
y cuando entrambos a dos
celebremos la victoria,

vos tendrás, en verme, gloria,
y yo en miraros a vos.

•••

El limeño es joven: tiene veintiocho años.

Apasionado, pasa de las aventuras amorosas al arrobo místico. Manera de ser de la época. El aislamiento en que se encastillan ciertos señores celosos y orgullosos convierte. las luchas del amor en combates de caballería. Las hijas de los encomenderos, o mueren emparedadas por sus padres o se casan como en la canción medieval. Apenas alrededor de las minúsculas cortes virreinales hay alguna licencia, roce social, trato ya urbano entre los sexos. Más allá de las cortezuelas son los entronques de familia hechos directamente por los padres o las aventuras de capa y espada. El caballero pone su fe en una ilusión mística, invoca a la Virgen y se afirma en el puño de la espada. La dificultad en el amor hace que ardan con más viveza las ansias de los enamorados. El sabor de la aventura pone profundidad religiosa en damas y caballeros. A mayor encubrimiento amoroso, más hondas oraciones. Don Juan se acerca a los altares, y el fraile sueña en sus amores. Hombres hay que pasan de las noches en claro, rasgando guitarras bajo la reja, al claustro de pálidas sombras atormentadas.

Melchor de Guzmán debió llegar a Santa Fe a causa de una aventura amorosa. Mientras golpea en su taller las láminas de plata y les da forma y utilidad, recrea la historia de su novia de Luna con quien solo podía comunicarse a través del mensaje que le llevarían sus trabajos de platero. El drama que está escribiendo es la confesión de sus aventuras y sentimientos. Elogia su oficio, y dice cómo lleva a sus obras el sentido de su amor. Una flor, un pájaro, repujados en un marco de plata le dirán a su amada lo que no pueda ni escribirle ni hablarle. Habla de su cuna ilustre, de la novia a quien abandona. Hay estrofas que pondrían al espectador, en el caso de que ese drama llegara a representarse, frente a la vida íntima del limeño.

Oh bellísima Elena:
aquí mi antigua pena
a solas divertía:

que suele en su cuidado
ser amor de filósofo cansado
que busca soledades...

Naturalmente, el mozo que así escudriña en las interioridades de su vida
también mira hacia afuera, ha de tener sensibilidad social. Sensibilidad social
que es más dramática y honda en el siglo XVIII, porque es siglo de emoción.
Y cuando la justicia abre los cuadernos del poeta, topa —itremenda revelación!—con las noticias de Lima, y la sublevación de los indios de Túpac
Amaru...

•••

Hace Melchor cuento y recuento de sus jornadas de todos sus días. Niega
haber conversado con el corro de gentes de San Francisco. «Ese domingo
—dice— me levanté a las cinco de la mañana y asistí a la misa de seis. Luego
me dirigí a mi taller, para acabar de hacer una espadita de plata, que lleve
a casa del pintor Padilla para que la colocase en el cuadro de la Virgen de
los Dolores, que pintaba para la iglesia de Nuestra Señora de Las Nieves;
regresé enseguida a martillar tres tachuelas de plata que hacía para el cura
de Pasea... «Gallarda figura hace el maestro de platería, mozo y romántico,
entre frailes, artistas y artesanos. Y figura digna de ser mirada con recelo
por los señores de la Real Audiencia, porque hay una nota azarosa que le
distingue entre los del oficio: el ser limeño. Con las noticias del inca, a los
que vengan del Perú hay que espiarlos. En el Perú está el foco de la rebelión.
Dentro de poco se hará que salgan de Santa Fe todas las personas que
hayan venido del Socorro: no de otra suerte acierta a defenderse la autoridad de la colonia. iQué no se hará con los peruanos! También puede ser
Melchor de los que empiezan a tronar contra los chapetones, porque tienen
la presunción de creer que los americanos se asfixian donde los europeos
les quitan el aire.

IX. Los capitanes

«Por tanto, dígnese Vuestra Alteza graduar no por deslealtad la admisión de los supuestos empleos de capitanes, sino tan solo por dolo legal, que el tiempo y su diferencia lo pusieron en el teatro en tan urgente como extrema necesidad, con el fin de evadir otros más perjudiciales resultas; y sin otra máxima que la de nuestro sencillo proceder, se ve éste canonizado por San Pablo, cuando en sus tiempos dijo a los de Corintho lo que en los nuestros decimos a V. A. que ejecutamos: cum essen estatus dolo vos caepi. Usó el apóstol del buen dolo, o trampa legal, y de ella nos valimos para el fin de defender y mirar por estos dominios que se hallaban cual otro Soyla y Charybdis, en las más voraces y crespas revoluciones, para su perdición.»
Antonio José Monsalve Francisco Rosillo

Como don Salvador Plata, a quien el destino obligó a presidir la lectura del bando por el cual se declaraba estancado el tabaco, con no pocos de los capitanes. De usufructuarios del gobierno colonial, quiere la plebe que pasen a ser dóciles instrumentos que le lleven al común el estandarte de la rebeldía. Ellos tratan de huir, se encierran en las iglesias, se fingen locos, antes de tomar a su cargo un oficio que puede indisponerlos con la Real Audiencia. Para ellos, que han vivido de estancar las industrias, rematar las rentas, hacer comercio como lo mandan los reglamentos del regente, esta nueva posición es tan absurda como peligrosa e incómoda. Más tarde se les tildará de traidores a la causa de la plebe: en el fondo, nunca tuvieron por suya la bandera de los comunes.

Don Salvador y sus compañeros, cuando ya no pueden hurtar el cuerpo a los amotinados que los amenazan con pena de la vida, hacen aceptación de las capitanías, pero una vez que la hacen van a casa del escribano y tienden un camino legal para probar luego la coartada. Sistema muy usado en estos tiempos en que la forma o fórmula legal tiene valor de cosa sagrada, y las cosas sagradas las manejan los de arriba como propias. El hombre que sabe se mueve con cautela por entre el laberinto de las leyes. Quien entienda de letra menuda y maneje las Partidas y Leyes de Indias tiene ganada la mitad de la victoria. Los capitanes, en muchos casos, como hombres de influencia y fortuna, conocen el derecho. En otras ocasiones, son analfabetos y apenas si pueden escribir su firma. Hay algunos que en sus defensas mezclarán sentencias latinas a la lengua romance, con la propiedad de quien ha tenido las Pandectas por lectura familiar. Sorprende ver cómo en el riñón de los montes que le sirven de marco a la villa del Socorro o a San Gil se usa el latín como lengua de general comprensión entre las clases superiores, y se citan versos de Ovidio, quizás con alguna imperfección, pero como pudieran hacerlo los letrados en la corte de Madrid. En los escritos que harán más tarde para borrar la fea mancha de capitanes de levantados —escritos profusos, interminables, redactados con todo el interés y curia de quien está defendiendo su hacienda o su pellejo— se dará el latín como flor silvestre.

Lo esencial para ellos, por el momento, es demostrar que si se colocan a la cabeza de los levantados, lo hacen bajo la presión de la plebe, única responsable de los tumultos. La plebe, a su turno, hurtando el cuerpo para no figurar con sus propios nombres en una empresa de tantos riesgos, arma sus mascarones de proa y busca la irresponsabilidad de un anonimato impenetrable. Nombrados de general y capitanes, Berbeo, Plata, Antonio Monsalve y Francisco Rosillo, encaminan sus pasos donde el escribano y redactan esta constancia: que «aceptan el cargo de capitanes generales sin que sea en menoscabo de su fidelidad al rey, y solo cediendo a las amenazas de las plebes amotinadas». Y luego agregan: «Que por todo lo referido, temeroso de recibir la muerte con sus familias a manos de éstos, y por esto violentados y contra su voluntad, sin que entiendan incurrir en la fea nota de traidores al rey (q. D. g.), y antes sí por ver si con el comando en que les constituye pueden, por medios lícitos y suaves, contener, sosegar y subordinar a los abanderizados, admiten el nombramiento bajo de esta exclamación, que en tiempo hacen en debida forma, sobre que el consentir en ello no les sea mancha ni deshonor a sus buenas circunstancias y fidelidad al Soberano...» Dejadas estas constancias, se retiran tranquilos.

•••

Chapetones hay que, al recibir el nombramiento de capitanes salen a esconderse en los montes, para eludir el cargo, abandonando a sus familias y errando meses enteros como prófugos.

Cuando a don Manuel Cáceres, en Pamplona, le comunican la voluntad del pueblo de que sea su capitán, corre a la iglesia a buscar asilo, pasa allí todo un día y una noche, mientras Catalina, su mujer, con abundantes lágrimas, ruega a los influyentes libren a su marido de la capitanía y le dejen salir de la iglesia. Don Jacinto Flórez, más afortunado, logra internarse en la serranía y nunca se deja poner de mascarón. Pero quien hará una historia más pormenorizada de sus esfuerzos por eludir la capitanía es don Salvador Plata. He aquí su relato:

«Vienen en tropel a nuestras casas, y enfurecidos hasta el exceso, nos ponen en la tortura de admitir sus capitanías o de morir con nuestras mujeres y nuestros hijos. Resistimos, como es notorio, y lo es también que no pudimos disuadirlos ni con los ruegos y lágrimas de que todos nos valimos, ni yo con la gratificación de quinientos pesos que les ofrecí para que me excusaran, como públicamente lo confiesa el Isidro Molina.

«Supuse enfermedades, me fingí loco. Reconociéndome enfermo y flatoso, y que según se tenía noticia ni comía ni dormía, me relevan de la capitanía. Presentado, empero, esto al teniente corregidor para su aprobación, manda este ministro del rey que yo sea mantenido en la capitanía, diciendo que por motivo de la insinuada enfermedad basta se me excuse de salir al campo. Ya con esto vuelven los de la plebe a su primer intento, y no contentos con haberse abocado a mi casa, al día siguiente, en la noche, un tumulto de gentes se presenta, obligándome con las lanzas a los pechos a admitir su capitanía. Viendo que aún con todo esto me les niego, se presentan con su procurador general ante los mismos capitanes, pidiendo mandasen publicar bando con las penas y apercibimiento correspondientes para que por ningún pretexto pudiere ningún capitán intentar removerse de su empleo, ni menos del cumplimiento de su obligación de concurrir a los actos y juntas del consejo de guerra, castigándolo, de no ejecutarlo, con la pena que se hallare conforme a su omisión, por convenir así al buen éxito de la empresa...»

•••

Lanzados en la aventura, aunque a la fuerza, los capitanes reciben unas veces las órdenes del pueblo, en ocasiones obran por su cuenta, pero suelen ya complacerse en el mando, mortificando a sus enemigos personales, imponiendo contribuciones a los vecinos, cosa muy natural en personas que tienen costumbres de mandar y estilo de imperio. El pueblo pone sus voces rústicas en los papeles del estado mayor. Desconfía de los capitanes, pero trata de asegurarlos con amenazas, espionajes y juramentos, anunciándoles que sobre ellos caerá su furia si lo traicionan, dándoles a entender que jamás sus ojos se apartarán de vigilarlos, exigiéndoles las más precisas seguridades de fidelidad. «Nosotros nombramos capitanes —dice el común—, bien entendido que todo cuanto hagan sea anexo al uso de la defensa de nuestra empresa, y que de lo contrario usaremos de nuestro derecho con todo rigor contra el capitán que se nos rebelare en contra nuestra..., lo cual no esperamos del cristiano celo y honrosidad de los capitanes.»

Bajo los balcones de los Plata pasan los amotinados cantándoles la lección. O les hacen llegar anónimos, de sorna, marrulla y amenazas:

No te dé cuidado, Plata,
que bien amarrado estás:
como no te nos desates,
no hay miedo de que te vas...
Ya te conocemos, Plata,
la traición que habéis de hacer...,
que vos hagáis cosa buena
ninguna esperanza queda...

•••

Con falsos compases entran los de la plebe a la revuelta, pero todo está en empujar contra Santa Fe, en intimidar a los ricos, en poner en fuga a los ministros del rey. El generalísimo Berbeo, satisfecho de sus inesperados éxitos, se mueve como gran señor. Está sobre todos los detalles de la administración pública, y por su orden se rebajan las alcabalas y el precio del aguardiente. Se declara libre la siembra de tabaco. Se nombran administradores en los estancos. Se financia la empresa con el dinero que se toma de las cajas reales y se exhorta al pueblo para que se sujete a los nuevos reglamentos, a fin de no caer en la anarquía y la indigencia. Se pone mayor cuidado en que haya autoridad y estilo de gobierno. En los pueblos se levanta el común, y, en una ingenua iniciación de democracia, se declaran súbditos de los capitanes del Socorro, y al Socorro acuden en demanda de instrucciones y justicia.

De los montes brota gente. Sobre la raya de los caminos van juntándose los unos a pie, los otros a caballo, con lanzas, rejones, guayacanes, hondas, machetes y cuchillos. Todos se dicen «hermano», «compañero», con la alegría natural de quien descubre estos valores repentinamente, en juvenil hallazgo de conciencia social. Cada tropa trae sus banderas, rojas, carmesíes: colores que recogen la ilusión de la revuelta.

En lenguaje altivo, ingenuo, amenazador, el pueblo se dirige a los dueños de la tierra, a los ricos, para obligarlos a que se pongan de su lado.

En cualquier alto de la jornada, cuando ya se columbran las tierras de Siatoca, o las de otro de los grandes predios rurales, dirigen los capitanes papeles como éste: «Sitio de las Flores, 6 mayo 1781.

Don Jacinto Flórez, don Ignacio Pinzón, don Miguel Benegas y don Felipe Franco: por ésta, prontamente pondrán en el llano de Site cien hombres con sus armas a las cinco de la mañana (si quieren ser de los nuestros), como si no les protestamos darles combate a Vs. Mds. los primeros; lo que ejecutarán pena de la vida, o lo que convenga a la orden militar. Así lo mandamos y firmamos en este sitio de las Flores, hoy día de la fecha y los notificamos bajo las mismas penas.

Capitanes y sargentos, Rueda, Argüello, Ardila, Girón, Reyes, etc.» Cada firma es un garabato incomprensible.

En vano el puño se aferra a la pluma para dominarla. Este frágil instrumento cabecea, no se deja mandar, lo emborrona todo, sobre el papel, al rasgarlo...

•••

En Santa Fe se reciben noticias de la revuelta y se anuncia que marchará el ejército del rey contra los insurgentes. Enardecidos éstos, llenan con sus voces las serranías y crece la tropa de la plebe como por encanto. Es una columna cada vez más larga, más gruesa, más negra, que avanza sin hacer alto. En Puente Real están las tropas del gobierno. Los capitanes siguen lanzando a la delantera papeles que llevados por la mano de los chasquis, vuelan como palomas mensajeras:

«Sitio de las Flores, 6 mayo 1781.

Don José Agustín Camacho, don Juan Pinzón, don Cristóbal Lombana, don Miguel Sotomonte: por ésta les mandamos que de las mulas y caballos que les hayan pedido de Puente Real no den ni una. Antes sí: si son de los nuestros, conducirán cien hombres dentro de la jurisdicción, notificándoles que a las cinco de la mañana estén prevenidos con sus armas, y Vs. Mds. también, si quieren librar sus vidas, porque de lo contrario contra Vs. Mds. se dará el primer asalto. B. S. M., capitanes y sargentos, Rueda, Ardila, etc.»

El doctor Ramón Ramírez es de los capitanes. Persona de influencia, ha querido rematar estancos, se codea con los de arriba, y al propio tiempo los odia. Dentro de este medio feudal las familias se dividen, y entre hermanos se levantan murallas de odios. Pelean por las herencias, o las novias, porque el uno remató un estanco y el otro lo perdió. Entre los Plata, Salvador y don Juan Dionisio se odian a muerte; Calderones y Valenzuelas se tiran a matar. Y don Ramón Ramírez, al verse capitán, queda envuelto en una lucha a muerte contra los otros ricos. Entra a la villa, frenando en seco su caballo, para que las herraduras rastrillen en las piedras hasta sacar candela. Le gusta toser duro, hacerse sentir. ¡No hay nada más horrible que las personas que estrenan autoridad! Va don Ramón de la villa del Socorro a Piedecuesta, y de Piedecuesta a Girón, amenazando de paso a los de Bucaramanga. Se ha convertido en abanderado de la causa insurgente, porque esta causa le coloca por encima de sus conciudadanos. Se le ve con un par de pistolas sobre la silla jineta, y el bastón de mando, listo a esgrimirlo contra quien se le atraviese.

Las tropas de la plebe se unen a don Ramón Ramírez. Contra ellos se encaminan los ricos de Girón, con sus peones. Lucha feudal. Del lado de Ramírez no hay sino piedra y garrote. Las mujeres son las primeras en alborotar a los comuneros.

Los de Girón avanzan con bocas de fuego y caballería. Se traba el combate, y cae preso don Ramón, que luego huye y se esconde en la montaña. Los del Socorro ordenan marcha contra Girón, en defensa del capitán Ramírez. Si no caen pronto sobre los enemigos del común, el capitán Ramírez será hecho picadillo o le mandarán a los presidios de Cartagena. Las órdenes se multiplican. Que de Piedecuesta vayan cuatrocientos hombres con hondas y garrotes. Que se convoquen patrullas de todos los sitios para caer el sábado sobre Girón. El capitán Ramírez reaparece como por arte de encantamiento al frente de los comuneros. «Vamos —dice— a castigar a los girones.» Cuando los comuneros entran a Girón, la ciudad se encuentra desolada. Todos sus moradores han huido. El vicario sale a recibir a los revoltosos con la imagen milagrosa del Señor Crucificado, y pide perdón, en nombre de la ciudad, por el execrable yerro cometido, prometiendo que todos los moradores serán leales vasallos de los comuneros y compañeros fieles en su empresa. Implora, suplica, promete. El capitán Ramírez perdona. La ciudad se llena de comuneros. Por las puntas de las calles entran los campesinos de los contornos al grito de «¡Viva el rey y muera el mal gobierno!» Todos llevan el garrote listo, y las mujeres, piedras en las manos. Ni en día de mercado se vio más alboroto nunca. ¡Qué calor, qué gentío! El capitán Ramírez no acierta a constituir gobierno en medio de la confusión, pero nombrará al más rico del lugar, a don Pablo de Valenzuela, para utilizarlo de instrumento contra los demás señores.

Don Pablo es de los muy pocos que han quedado.

Los demás están en las haciendas, con el oído alerta para seguir la fuga. El capitán Ramírez irá dictando, por carta, desde los altos de la campaña, órdenes para castigar a los girones. Como es letrado y sabe de leyes, distingue: por ser obra de la inadvertencia de los señores, no se les impondrá por esta vez la pena máxima a que autorizan las leyes: la capitis diminutio maxima: apenas la media, que consiste en multas y destierros. He aquí lo que decreta: Para Antonio Serrano, $ 500 de multa y un año de destierro.

Juan Carriazo, $ 500 de multa y un año de destierro.

Diego Mantilla, $ 500 de multa y un año de destierro.

Ignacio Herrera, embargo de todos sus bienes y destierro perpetuo.

Miguel Ordóñez, $ 200 de multa y un año de destierro.

Ignacio Javier Calderón, $ 200 de multa y un año de destierro.

Antonio Mantilla, $ 300 de multa y un año de destierro.

Ignacio Ordóñez, $ 200 de multa y un año de destierro.

Egidio Navas, $ 100 de multa y un año de destierro.

Don Pablo de Valenzuela recibe la orden y se apresta a cumplirla. Siente en el fondo un placer inconfesable multando a sus émulos del lugar, arrancándole doscientos pesos a don Ignacio Javier Calderón. Algún día dirá don Pablo de Valenzuela: «En el tiempo de mi comandancia, a lo menos achiqué algunos Calderones, y solo don Pablo se me escapó...»

•••

Algunas veces los capitanes vejan a los del pueblo. Capitanes que han negociado esclavos, que han azotado, que han manejado fincas, tratarán a la tropa con rigor de amos, y la tropa, que está ilusionada, y marcha en busca de su liberación, teme romper la disciplina de donde proviene su fortaleza. El pueblo es sagaz, inteligente, sabe moverse con astucia. En vez de alzarse contra un capitán que le conduce sin piedad, pide que se nombre a otro. Así, el común de San José del Valle pide qe en cambio de Marcelo Ardila se nombre a Francisco Javier Ríos. Porque Ardila, en el camino para Santa Fe, ha «gaznatiado» a José Duarte, ultrajado a Isidro Mesa, y a Justo Duarte, porque se cayó de la mula, le ha dicho que «se había de tragar el avío...» La empresa se hace sobre supuesto de buena fe. «Los muchachos —dicen— no debemos ser ladrones.» La plebe ha querido ser decente, como para hacerse digna de unos capitanes que se sentaban a manteles. Los comuneros no quieren triunfar como vagabundos. Que todo se haga a conciencia, con honradez. A Juan José Estévez, por mal nombre Mogollón, se le pone en el cepo, preso de los pies, por haberle hurtado una espada y una sobrecama a Antonio Garzón.

Hay interés en que no se acabe con las rentas. Para administrar los estancos se buscan sujetos honorables. Se propone que de las ventas de tabaco se les pague en primer término a los cosecheros y acreedores: lo demás, o se destina para los gastos de la empresa o podrá repartirse entre el común. En las instrucciones para la marcha sobre Bogotá se le advierte al capitán Becerra de la Fuente: «Dado caso que no haya plata en el estanco, podrá vuestra merced presionar a los sujetos de comodidad, y a los pobres por ningún modo, llevándolos con mucho amor y tolerancia, pues éstos es menester tratarlos bien, como que sin ellos no hacemos cosa mayor, y ellos nos dan para conseguir las victorias de nuestra empresa...» Tan estrecha se siente la unión, que llega a pensarse en que sea el común quien remate los estancos, es decir: que se establezca la socialización de la industria de aguardiente y tabacos.

Así lo proponen los de Chinácota, en esta carta a los capitanes del Socorro: «Los vecinos de esta parroquia suplicamos a vuestras mercedes se dignen mandar orden a los señores capitanes de esta parroquia que se dé el estanco de aguardiente al común y que todos gocemos de este beneficio, pues estamos prontos a tomarlo por el tanto en que lo tiene el asentista y asegurarlo a satisfacción de los señores capitanes y sacar recibo, pues parece ser justo el que todos gocemos de este beneficio, pues en otras ocasiones lo hemos tenido y hemos pagado al rey sus intereses, pues nos parece en este nuestro procedimiento no se defraudaría nada. Respecto al tanto que da el asentista, resultará en beneficio y bien de tanto pobre, que con este corto auxilio puede mantener su familia, pues aquí no hay tiendas ni forma de otras granjerías como en las ciudades, ni hay más renglón que el de la harina. Los capitanes intentaron hacer esta obra buena al común, pero el otro capitán, como es el asentista, lo ha repugnado por gozar él solo de este beneficio... Así esperamos de la benignidad de vuestras señorías...»

•••

La de los comuneros parece una historia al revés. Buscad al héroe, al gran capitán, y no lo veréis. Detrás de estos hombres vestidos de capitanes está la plebe formidable. Lo que vale es el fondo oscuro en donde se mueven los pueblos. La turbamulta anónima, con su desorden, su miseria, su abigarramiento. Indios y mulatos, esclavos, negros y zambos parlanchines: todo es lo mismo. Y lo mismo son los mozos que los viejos, los varones que las mujeres. No se trata de una escuela ni de un partido: no hay un «ismo» para calificar estas gentes: hay una simple y sencilla fraternidad humana, crudamente humana, como el pueblo que llega los domingos al mercado. No hay comunistas, sino comuneros. La palabra es más hermosa, más altiva. Los comunistas de Rusia serán campesinos alistados bajo las banderas de un jefe. Los son el pueblo que cae de golpe a las plazas para inventar sus capitanes.

Lo primero que se oye es la voz de las mujeres. Ellas empujan hacia los estancos, y son las primeras que echan mano al tango de tabacos. Ellas destapan los barriles para que se riegue el aguardiente, rompen las múcuras, arrancan los edictos. Los del común de Matanza escriben a los capitanes del Socorro: «Nuestros ánimos han estado propensos a acompañarlos en esta empresa, y declararnos de su bando —aunque inútiles—, para que vuestras mercedes dispongan de nuestras voluntades, en cuya intención fiamos el día tan solo a un corto número de nuestras mujeres la acción de romper el papelón de la sisa, las que aún siendo cortas en número se portaron con bizarría, arrebatando de las manos del que dictaba al pregonero el papelón y haciéndolo menudos pedazos...

Y a nadie quiere servir al partido del gobierno. En Chita va el ministro del rey a alistar a los campesinos para que se encaminen al Socorro a sofrenar a los insurgentes. A golpes de tambor cita a las gentes, que acuden a la plaza. El ministro, solemne, sin alcanzar a sospechar rebelión, empieza el trabajo de listar. Los primeros van dando su nombre, como esperando a oír la voz del pueblo que los detenga. Antes de responder a lista, miran a un lado y a otro, en busca de alguna insinuación. Ocho alcanzaron a dar sus nombres. Cuando avanzaba el noveno, prende la gritería, y «fue tanto el alboroto y los gritos —dice el ministro—, gritos que daban diciendo que no tenían para qué listados y que viva el rey, y viva la Fe Católica Iglesia, y ¡muera el mal gobierno!... que su servidor se excusó de continuar el trabajo...»

X. Puente real o la exégesis del miedo

«Y cuando se eche en la cama considere que, así como se echa en la cama, muy pronto echarán otros su cuerpo en la tumba.»
Dioniso el Cartujo

El miedo es un estado de ánimo en el siglo XVIII. La luz, los caminos, la medicina, la policía, irán disipando esta sombra que por el momento domina. No es la Colonia americana como la Edad Media europea: falta la pugna entre los señores, armada, caballeresca, que hace necesario el valor personal y hasta la temeridad. Pasado el ardor de la conquista, que exigió el valeroso esfuerzo de los héroes, la Colonia se fue sentando como las criadas en torno al fogón, para asistir a las tertulias de frailes, beatas, escribanos y corregidores. La empresa guerrera desapareció. La aventura nocturna se deja para tres o cuatro calaveras. El gato que rompe un tiesto al saltar de la baranda del corredor al tejado hiela la sangre de las muchachas... y la de los caballeros. El diablo se pasea orgulloso y dominante por entre las sombras que hay en el espíritu de los hombres.

La cobardía no está en las personas: está en el ambiente.

Los indios no han aprendido a gritar, ni el esclavo ha amenazado seriamente a su señor. Todos son dóciles desde hace dos siglos y medio. En los cuarteles desnudan a los indios, les acuestan sobre un banco y hacen que desfilen los soldados dándoles latigazos con las baquetas hasta rajarles la carne. Los indios aguantan el castigo silenciosos. El patrón estruja a la mujer y a la hija del indio, y el indio acepta y calla. La mujer del corregidor azota la cara del mitayo, el mitayo siente que se le aguan los ojos, pero no levanta la voz. La plebe americana está todavía poseída por el terror que dejó en sus viejos la presencia del español. Tan grande fue la conmoción que produjeron la pólvora, el caballo y las barbas españolas, cuando puñados de hombres vencían a millares de indígenas.

La misma impresión de perplejidad que produjeron hace dos siglos y medio entre los indios las barbas, los caballos y la pólvora, la producen ahora entre los españoles los primeros gritos del pueblo insurgente. Al español no le desconcierta y vence el ejército de los comuneros, ni les hieren las hondas ni los garrotes: le desconcierta, vence y hiere la actitud. Le sorprende el hecho de que el indio nazca repentinamente como sujeto que reclama «sus derechos». ¿De cuándo acá que quiera codearse con los chapetones, en un pie de igualdad? ¿De cuándo acá que se atreva a dudar de la majestad del rey? Y este pobrecillo español tiembla, corre como liebre.

¿Dónde están, se preguntará el lector, los blancos, los descendientes de Quesadas, Lebrones y Benalcázares? ¿Dónde los nietos de quienes arrollaron a los zaques y los zipas? ¿Recordáis cómo huyó el corregidor en Vélez? ¿Cómo en Quito? ¿Cómo en Latacunga? Así veréis correr ahora al regente visitador y a los soldados de Santa Fe y al capitán don Joaquín de la Barrera. Como visteis por capillas y sacristías a los valientes ricos del Socorro y Pamplona, veréis ahora a los bravos de Santa Fe que huyen con hábitos de fraile, a campo traviesa, saltando tapias. *Quod metus causa...*

•••

En un mundo en el cual las fuerzas subterráneas tienen mayor participación en la vida que las que corren a flor de tierra, es natural que las noticias del Socorro aparezcan por maneras misteriosas. Santa Fe amanece cada mañana sobresaltada con nuevos pasquines. Son versos injuriosos en donde se deslizan amenazas contra el regente visitador y contra don Francisco Moreno y Escandón.

Se anuncia que el pueblo se levantará contra los pechos. La autoridad se esfuerza por descubrir a los autores, pero no logra dar con ellos. Al propio tiempo, por la sabana, a pie desnudo, con el lodo hasta las rodillas, sudorosos, van llegando, de todos los pueblos, chasquis que anuncian levantamientos, quemas de tabaco, derramamiento de las botijas de aguardiente, asaltos a las cajas reales. El regente cita a los de la Real Audiencia. Lo primero que se echa de ver es la ausencia de ejércitos. El batallón Fijo está en Cartagena, cooperando a la defensa del puerto, bajo el mando del virrey Flórez. Es necesario armar gente, a toda prisa, y cuidar de que los descontentos no se cuelen en las filas. El más gallardo de los oidores, de aquellos oidorcillos pálidos, letrados y reumáticos, tomará a su cargo la expedición contra los rebeldes.

El batallón de alabarderos, único hoy en Santa Fe, se compone de setenta y cinco unidades. Se le dan cincuenta al oidor Osorio para la pacificación, y quedan, para proteger a la capital, veinticinco. Entre las buenas familias, entre los artesanos, se reclutan poco más de cien soldados, que se quedan aprendiendo el manejo de las armas. De noche pasan las rondas, espiando todo cuanto parezca sospechoso en la ciudad. De cuando en cuando los trasnochadores paran el grito de ¡alto ahí, quién vive! Es cada vez más rara la raya de luz que anuncia las tertulias. Se convienen señales para que todos los hombres hábiles acudan a alistarse si así lo requiere la defensa de Santa Fe. En la casa del marqués de San Jorge se reúnen los improvisados milicianos.

Sale el oidor Osario camino de Vélez. Le acompaña el capitán don Joaquín de la Barrera, de la guardia del virrey, quien lleva por teniente y ayudante a don Francisco Ponce, el valeroso y esforzado don Francisco Ponce que «se convidó» para la expedición. Es significativo que en esta primera ocasión, para españoles y criollos, de hacer méritos ante el rey, no haya quienes se atrevan a tomar armas. El oidor lleva, según dice, 100 fusiles para quienes quieran alistarse, 20.000 cartuchos de bala y unos cuantos quintales de pólvora. Nadie se resuelve. Francisco Ponce es de los muy raros que se alistan, y se apresura a comunicarlo al virrey Flórez: por ahí empieza la carrera de sus pretensiones. Dice al ilustre gobernante: «Con motivo de los insultos ocasionados en las villas del Socorro, San Gil y algunas otras por sus habitantes contra las reales rentas y sus ministros, llegando a tanto extremo en sus desórdenes que profanaron el santo templo, y hasta lo más horroroso, herir al sacerdote que en procesión había sacado al Dios sacramentado para por este medio reducirlos a la obediencia y paz, y habiendo entendido pensaba el señor regente tomar seria providencia a fin de castigar semejantes maldades, pasé a ofrecer a dicho señor regente mi vida y persona, para emplarla en honor de Dios y servicio del soberano...

Detrás de los setenta y cinco valientes que salen para Vélez, queda Santa Fe rogando a Dios salve a sus defensores y la salve a ella misma. Por bando se ordena que todos los socorreños que haya en la ciudad la abandonen. Algunos lo hacen. Un pobre escribano que vive de su péñola se presenta a la cárcel y suplica que le tengan allí guardado; es del Socorro, teme a los insurgentes... Los señoritos de Bogotá se quedan aprendiendo a manejar las armas. Antes que la defensa de la ciudad, les entusiasma el uniforme de la compañía de corazas.

•••

Al frente de los setenta y cinco soldados van don Joaquín de la Barrera, el oidor Osorio y Francisco Ponce. Don Joaquín era el hombre de armas. ¡Qué apellido más español! Un poquitín más apropiado para torero que para militar. Los soldados hubieran preferido que se llamase de la Trinchera, o de la Tronera. Pero le quedaba bien llamarse don Joaquín de la Barrera. El propio virrey Flórez le miraba con res peto y consideraciones. En los patios del cuartel su recia figura olía a pólvora hasta la punta de los mostachos. El oidor Osario representaba propiamente al visitador, quién le había escogido, entre todos, para que llevase el mando de la expedición. Si no fue muy valiente, al menos resultó pundonoroso.

Don Francisco Ponce no parecía bravucón ni hombre de vergüenza, pero tenía su gracia. Era listo. Entró a la campaña de muchos pantalones, y salió de faldas.

•••

Llueve a torrentes. Las piedras de los caminos brillan bajo aguaceros diagonales, furiosos, metálicos. A medida que se aparta la tropa de la sabana —que es un lodazal—, para tomar la pendiente de la cordillera, la atmósfera se recalienta, pero la bruma invernal se empeña en no regalar a los lanudos con limpias estampas tropicales. Es un paisaje blancuzco, húmedo, que se enreda en las pestañas, moja hasta los huesos y entumece el ánimo. En cuatro días llega la tropa a Puente Real. Hay azoramiento en las gentes, recelo, un no sé qué que no deja a los vecinos arrimarse a quienes se presentan a nombre del rey. Los campesinos huyen. De los ranchos salen perrillas enclenques, que con ladridos de tiple saludan a la tropa uniformada... El oidor siente que el vacío se abre en torno suyo. Francisco Ponce tiembla. De la Barrera se atusa los bigotes, mira por entre las marañas de sus cejas. No ve nada. Nada claro.

Ya están en Puente Real. Convienen entre todos fortificar la plaza, mientras salen algunos en comisión para reclutar voluntarios que utilicen los fusiles traídos de Santa Fe. El oidor y sus criados ocupan una casa contigua a la iglesia. En otra se atrinchera el administrador Arjona, con la pólvora, municiones y caudal. La expedición lleva dinero para cubrir la empresa de patacones. La tropa se reparte entre las dos casas. Mientras corren por las vecindades observadores y espías, se levantan estacadas y parapetos para hacer infranqueables las fortalezas improvisadas.

A cada instante llegan noticias que solo sirven para desmoralizar la tropa. El cura de Oiba, señor Estévez, avisa de la resolución en que se hallan las gentes del Socorro y de sus inmediaciones, que no temen —dice— morir. Y agrega: «Están aprestados muchos miles de hombres, su coraje es peor que el de las fieras, y es bueno que no se muevan ni el señor oidor ni su gente, porque todos perecerán si tal hacen, pues los socorreños a nadie temen, poniendo pena de la vida a quien afloje en la empresa: el lugar que se reconozca "afligido" será quemado y arrasado, y será la mayor desgracia si agarran al señor regente o al protector Moreno y Escandón, pues éstos ni en los templos están seguros. Oiga todo esto, vuestra merced —termina el cura—, si no quiere perecer; yo no le digo más, porque si sospechan traición me cuelgan; pero sepa que vuestra merced está cercado por más de cuatro mil hombres.»

Comprende el oidor que el camino seguro es la huida, pero como esto sería una indecencia, procede a defenderse como puede. Francisco Ponce sale para Vélez, con una patrulla de cuatro leales, buscando quienes se alisten en la tropa. En igual forma salen otros para Tunja y los pueblos vecinos, hablando todos a nombre de Su Majestad. El azoramiento de los comisionados llega al colmo cuando ven que a nadie está por servir al rey. Los mismos de Puente Real no se acomiden ni ofrecen al oidor ni a don Joaquín. ¡Francisco Ponce regresa con cuarenta y seis reclutas, todos amigos de la revolución! A doscientos hombres se logra que suban las fuerzas del rey, pero son doscientos que no saben cómo disparar un tiro. El oidor, don Joaquín y don Francisco miran en torno y ven que de los cerros empiezan a descolgarse montoneras de indios, armados de hondas y estacones, que gritan: «¡Que viva el rey y muera el mal gobierno!» Un rumor de rebeldía sale de las quebradas, cruza los aires, hiela la sangre de los españoles. De cuando en cuando los indios se atreven hasta la plaza. Las armas del rey cuelgan de la casa grande, de la casa de teja. Don Joaquín, el oidor y Francisco Ponce, sin cruzar palabra, se preguntan a solas si es así como han de seguir hasta el Socorro para dominar a los rebeldes, que empiezan a crecer ante sus ojos como una mancha que cubre toda la tierra de las provincias alzadas. Por subterráneas voces se sabe que don Francisco Berbeo está alistando las tropas de los comuneros. Que sus capitanes se mueven por todos los caminos. Que el Socorro se prepara a la defensa, sembrando de patrullas los caminos y ¡cortando las cabuyas!...

No faltan anónimos y pasquines. Al estanquero del aguardiente le llega uno tan breve como significativo: «Te avisamos estés bien prevenido, que allá nos tendrás a que nos des el abasto de aguardiente, pena de doscientos azotes, ciento por la barriga y ciento por las espaldas...» Otro pasquín está dirigido así: «Ilustre parroquia del Puente Real.» En el primer párrafo se lee: «Hanme movido algunas razones para proferir lo lastimada que te hallas con tener dentro tu centro los dos malditos europeos, ambos memorables por sus fatales hechos...» Al final hay esta copla:

Cielo, parroquia y vecinos,
todos juntos alistados,
digan que mueran quemados
por malditos, por malditos.

Estos españoles que ha de consumir el fuego son los ministros del rey, a quienes tiene que amparar con sus armas el oidor Osorio...

Varios días llevan de angustiosa espera, cuando se anuncia la llegada de los comuneros. No son grupos aislados: es la muchedumbre que se desgaja por todas las laderas de la vecindad. Hasta la iglesia, en donde oyen misa don Joaquín, el oidor y don Francisco, llega el vocerío. Salen precipitados y vuelan a las casas para recoger la tropa. Algún indio se acerca al cura y le anuncia que debe consumir las especies sagradas y sacar lo que valga en la iglesia, porque los comuneros incendiarán el pueblo. Luego se dirige al oidor y le dice: «Aquí tiene vuesa merced a los pueblos que vienen a pedirle alivio de los pechos y contribuciones que les ha impuesto el visitador regente. Si vuesa merced puede hacerlo, pase al campamento y hable con los capitanes para que cese el alboroto, que en cuanto a la vida de vuesa merced no hay riesgo de que sufra el menor insulto.»

Envía el oidor comisionados al campamento para que inviten a los capitanes a venir a su casa, pero los capitanes no adelantan un paso. Insiste el oidor en el convite por boca del cura y el vicario, y al fin logra que tres capitanes le visiten. La plaza negrea de gente. Requiere el oidor que entren los capitanes. Lo suplican así los curas. Al fin entran, y uno, a nombre de sus compañeros, pide la cabeza del visitador. Por ahí pueden ir sabiendo los españoles a qué deben atenerse. Además, para entrar a discutir, exigen que se entreguen las armas a los comuneros.

Piensa el oidor que hablándole al pueblo vencerá en los humildes la altivez de los capitanes. Pasa al campamento y trata de convencerlos. «¡Que viva el rey —gritan—, y que muera el mal gobierno!» Unos piden la cabeza del regente, otros afirman que morirán de hambre ellos y sus mujeres y sus hijos, antes que pagar las nuevas contribuciones. El oidor busca cualquier salida: que no tiene atribuciones para decretar nada, que escribirá a Santa Fe, que tengan confianza en él. Su voz empieza a tener acento de súplica. Es vergüenza para su lealtad que las armas del rey, que le han sido confiadas, se le caigan de las manos. Pero ve que su vida se quemará como paja seca entre el fuego de la sublevación. A medida que vuelve a su casa, aumenta su pavor y crece el rumor de la plebe. Bien resguardado va, sin embargo, por curas y ayudantes. La tropa no acierta a mantenerse sobre las armas, vencida por los insultos de los indios. Tanto puede la voz altiva que por primera vez sale de la garganta de los siervos.

Pasa el oidor la noche lleno de sobresaltos que no logra suavizar la reflexión del sacerdote. La primera claridad del día está envuelta en evidente incertidumbre. Cuando ya el Sol barre de toda sombra la plaza, se presenta el nuevo embajador de los rebeldes, «como de unos 74 a 75 años, andrajoso y de pobre traje, para decir al señor oidor y al comandante De la Barrera que, si no entregan las armas, en breve reducirán la casa a cenizas. Y que se prevenga el cura para consumir las especias sacramentales, porque también la iglesia se perderá en el incendio».

Por dos o tres veces repite el embajador su demanda. La plaza se colma de sublevados. No son ni los palos y piedras de la plebe: es el tumulto lo que dobla y apabulla el ánimo de los soldados, que tampoco parecen dispuestos a descargar sus trabucos y pistolas por el visitador. De pronto ocurre algo inimaginado y absurdo: los soldados arrojan desde los balcones sus armas al pueblo. Los guardas de la renta, que mandaba el administrador Arjona, abandonan el puesto y dejan tirado cuanto tienen entre las manos. Don Joaquín de la Barrera mira deshacerse sus castillos de pólvora. Está escondido en la alcoba del oidor. El entusiasmo del pueblo desborda: «¡Que muera el regente visitador! ¡Que viva el rey y muera el mal gobierno! ¡Que viva el oidor Osario!» Al oidor, el susto y estos gritos le encalambran.

El ayudante Ponce salta las tapias de la iglesia y se introduce hasta la habitación del cura, llorando como un niño. Cúbrele el cura con unas frazadas, y así pasa la noche este ilustre soldado, que se ofreció de valiente. Cuando alumbra el día, se oculta o el camarín de la Virgen, «por más seguridad...

Repentinamente se encuentran los del común con armas, pólvora y cartuchos. Hacen prisioneros a los que no logran huir. Ponen guardia al oidor Osorio y le rinden homenaje de adhesión. «El oidor Osario —dicen— es de los comuneros.» Una racha de entusiasmo les solivianta. Han vencido al rey de España, y sienten que van a ser dueños de sus destinos. Le ofrecen al oidor coronarlo señor de estos dominios. El oidor oye aquello con horror y desconcierto. El pueblo se muestra exquisito en limpieza de propósitos. No quiere robar, no se atreve ni aun a repartirse el botín caído entre sus manos. Ochocientos pesos que encuentran en las cajas del oidor no se tocan. No quieren sino destruir los estancos y que haya un buen gobierno.

En el diario de la expedición anota quien lo escribe:

«El común ha vuelto a alborotarse, diciendo que el señor oidor habrá de ir con ellos al Socorro, y que lo llevarán en hombros... El les ha dicho que iría muy gustoso con tal que fuera el medio de aquietarlos. También le han regalado una carga de tabaco y una botija de aguardiente, y como haya repugnado recibirla el señor oidor, le han dicho los capitanes que se alborotaría el común si no acepta el obsequio. El entonces lo ha admitido, y a todo el tumulto ha dado las gracias por sus finezas. Han gritado: ¡Viva el señor oidor! En recompensa del regalo, y para que crean en el reconocimiento, él da cuarenta pesos para cada cuadrilla, poniéndolos en manos del respectivo capitán. Al obrar así el señor oidor ha pensado que con ello pone a cubierto los dineros del rey...»

El pueblo se va calmando, pero a trueque de humillaciones de todos los poderes. De pronto se le ocurre a cualquiera que hay armas escondidas en la iglesia. En tumulto pretenden entrar al templo. El cura quiere apaciguarlos, convencerlos. Todo es inútil: acaban por violar las sagradas puertas..., para rezar un rosario. Esculcan y escudriñan. El pueblo, suspicaz y astuto, mira en cada nueva situación los posibles resquicios por donde pueda venirle una sorpresa. Y el grito de ¡traición!, ¡traición!, se oye, y se oirá con frecuencia más tarde, hasta que un día se vea que ha tenido razón la plebe en sus temores.

La noticia del triunfo vuela. El capitán Pedro Alejandro de la Prada, a nombre de todos los comunes, toma el mando de la población. Todos le obedecen. Es necesario unirse para marchar sobre Santa Fe. El oidor pide salvoconducto, que galantes le ofrecen los comunes cuatro días después de haberse adueñado de las armas. El oidor, con sus criados, sale camino de Chiquinquirá, custodiado por un doctor Ferro, capitán por el común de Moniquirá, y tropa de comuneros.

Mientras tanto, sacan a vender a mercado abierto la sal, tabaco y aguardiente de los estancos. Los más listos hacen negocios, y entre éstos algunos capitanes. Hay diferencia entre la pulcritud de la plebe y las agallas de los que la mandan. De la especulación sale acaudalado Juan Agustín Torres, hermano de uno de los capitanes. Torres era un platero que llegó sin maravedí a Puente Real. Se hizo amigo del cura y con plata de éste manejaba los negocios; fue el medio de que se valió para hacerse de trece cargas de tabaco y sal. Era un tipo audaz, vivaracho y camorrista, de veintisiete años, soltero. Cuando más tarde le toma la justicia, declarará que no hay nada malo en las compras que hizo de sal y de tabaco. ¿Acaso, agrega, no compró también el oidor Osorio unas botijas de aguardiente?

•••

Quien merece párrafo aparte es el oidor Osono. Este pobre caballero no ha hecho otra cosa que sufrir moralmente al ver cómo están quedando entre sus manos las armas que hicieron la conquista de América, las que pelearon en Flandes y en Italia, las que ganaron en Lepanto un puesto de honor en la historia universal de las milicias ¡Cubiertos están de vergüenza y luto el pendón real y el nombre de Carlos III, por su culpa! Cómo resonaban a escarnio en sus oídos las voces de la plebe cuando gritaba: «¡Viva el oidor Osario, nuestro rey!» En todo esto piensa el buen caballero, cabizbajo y afligido, bajo la mirada de sus guardianes, camino de Chiquinquirá.

Su alma se encoge y minimiza. Su frente se anubla con nubes que ya ningún aire logra disipar. Cuando regresa a Santa Fe, febril, desencajado, recoge los pasos, se apresta al tránsito eterno. Entró a Santa Fe en guando y no volverá a levantar cabeza. Se le ve morir. Y mientras su alma se agranda y ensancha en la tristeza, se le pegan las carnes a los huesos y le muerde y remuerde en la conciencia la historia del Puente Real. Otros cubrirán con fanfarronadas y adulación lo que no fue sino física derrota. El no podrá separar los ojos de la tremenda verdad que le acorrala.

Sobre su muerte cae la befa, redactando un epitafio:

Aquí yace un cadáver, que animado
daba muestras de ser muy valeroso,
pero cierto accidente vergonzoso
trocó la muerte y anunció su hado;
y, por tanto, del lance sonrojado,
el pecho heroico, que en la tumba yace,
con su muerte acredita lo que hace
el fiel vasallo con ánimo leal,
que es rendir el espíritu vital
cuando no en guerra, a lo mejor in pace
resquiescate: Amén...

•••

En Santa Fe se esperan las noticias de la «expedición» con natural expectativa, adiestrándose unos en el manejo de las armas, otros ideando reglamentos para mantener a la ciudad lista contra cualquier sorpresa. No son los santafereños aprensivos, y siguen cenando tranquilos, apagando las luces temprano y evitando salir de noche.

Más de veinte días han pasado, y es muy probable que las tropas se encuentren en el Socorro. El regente pone su confianza en don Joaquín de la

Barrera; la Audiencia, en el oidor Osario, y los Ponce, en don Francisco, que en premio a su gallardo ofrecimiento de servir en las tropas verá crecer el honor de la familia; mejorará de sueldo y conquistará el afecto del virrey. A lo menos, así pensaba su mujer cuando el 12 de mayo, a las dos de la tarde, se presentó en su casa un frailecito franciscano, pálido y sudoroso, visiblemente fatigado, a quien el tanto correr apenas si le daba resuello para hablar.

«Adelante, padre —dice la señora de Ponce—. Siéntese vuesa merced y descanse; diga en qué puedo ayudarle y qué le trae así de sudoroso...»

¡Qué fraile ni qué nada! ¡Era el mismísimo don Francisco de Ponce, a quien más los sufrimientos y sustos que los hábitos habían mudado el semblante hasta el punto de que ni su propia mujer lo conociera! De muchos pantalones salió, y en amplias faldas carmelitas regresa después de haber llorado como un niño. La noticia vuela como toque de rebato. Colmena se torna la casa de los Ponce. Mejor: de las Ponce. Salta de su sillón el valeroso don Francisco Gutiérrez de Piñeres y corre a informarse de la derrota donde tan ilustres damas. Francisco Ponce cree que los socorranos vienen pisándole los calcañales. Santa Fe se santigua, espanta y acurruca. Los del batallón sienten que se les caen de las manos los fusiles. ¡Es la guerra! Guerra que estos soldaducos nunca han conocido.

El regente corre a su casa y prepara el equipaje. Le espanta el espectro de su obra. Se multiplica en los ámbitos el grito de la plebe que pide su cabeza, su delicada cabeza de hacendista. Precipitadamente instala a los de la Audiencia en sesión especial a las seis de la tarde. «No hay tiempo que perder: los socorranos se nos vienen.» Es preciso que salgan a Zipaquirá el arzobispo, el alcalde ordinario más antiguo y un oidor, para que entretengan a los alzados. Que no entren a Santa Fe, que no insulten a la capital del virreinato.

Oyen los de la Audiencia a Francisco Ponce. Preparan el plan de la defensa. Sesionan hasta la medianoche. Toma el visitador su cabalgadura, acompañado de dos criados, y clavando las espuelas al animal emprende anticipada fuga por el camino de Honda. De horas dispondrá para ponerse a salvo, tomando el río y yendo a acogerse a la misericordia del virrey Flórez... Como alma que lleva al diablo se traga las leguas de la fragosa ruta; menos temeroso de que se le rompa una pata al animal y le reviente a él la crisma contra las rocas, que de verse cara a cara con los hombres del pueblo, a quienes echó encima, mientras tuvo poder, alcabalas, estancos, sisas, guías y tornaguías.

Cuando poco después tome don Francisco una balsa que le lleve a Cartagena, podrá decir de él un cronista que hasta los caimanes del río le parecían socorreños...

•••

Negros de gente están los caminos por la descamisada turba que avanza con sordo vocerío sobre Santa Fe. Banderas, palos, hondas, piedras, cajas y chirimías, gritos y silbidos, pisadas que hacen retumbar la tierra. A cada vuelta del camino, haciendo bocina con las manos, los de más pulmón taladran el aire para que no haya nadie que se quede en el rancho. A cada nuevo compañero que se incorpora en la tropa se le recibe con júbilo, agitando al viento las carrascas. Llueve sin descanso, pero no importa. Con las caras lavadas, sucios de barro hasta la pantorrilla, caminan alegres, en juvenil tumulto, al grito de «¡Muera el mal gobierno!» El general Berbeo, sobándose bigotes y patillas, va entre los de a caballo, con toda la gravedad de quien se ha convertido en conductor de muchedumbres. Ya no son ciento, ni mil: son veinte mil alzados que marchan sobre Zipaquirá. Todos vivan a sus capitanes, y los capitanes sonríen, no se sabe si halagados por este sencillo homenaje o por temor al bando del generalísimo, que ordena y manda que ningún capitán ni otro de los oficiales militares se aparte del ejercicio de su empleo, pena de ser degradado públicamente y castigado «conforme a estilo militar».

Al comando supremo llegan chasquis trayendo la voz de los pueblos. No hay sitio en donde el común no esté levantando y se formen batallones. Las cartas que, en grasientos papeluchos, traen los indios casi ahogados de correr, tienen todas su olor y su carácter. Berbeo las abre, descifra y lee con dificultad, pero con énfasis. Los demás le escuchan, saboreando cada palabra, y cuando la noticia gorda aparece, todos ríen y se miran, se frotan las manos y se las estrechan unos a otros. De la caballería del estado mayor vuelan las noticias hasta la plebe, y cada cual remienda y sazona lo que oye; le pone su condimento y levadura, donde oye ciento transmite mil, con lo cual todos se alegran, y hay un entusiasmo colectivo que se traduce en vivas y mueras que enardecen aun a los mismos que los lanzan.

De Sogamoso escribe Juan de Dios Díaz a sus compañeros: «No hay duda de que la hidrópica e insaciable ambición de un mal ministro, que con faraónico corazón, por medio de sus intolerables y repetidos pechos, nos iba encaminando al estado más lamentable de la miseria, la que hubiera llegado a grado tan superior que se hubieran visto los hombres en la consternación de andar cual otro Adán en el paraíso...» Y más adelante: «Es necesario que para la total consecución del aspirado fin, con esfuerzo y valor constante suframos las amarguras que puedan mediar, pues, como lo canta el poeta Ovidio, no gustará de lo dulce el que primero no pasare por lo amargo».

Y luego: «En el día tenemos formado ya un batallón que se compone de siete compañías de infantería, para cuyo gobierno tenemos nombrados, asimismo, siete capitanes con sus respectivos oficiales subalternos y los correspondientes jefes de plana mayor; a más de lo dicho, tenemos dispuesta una compañía suelta de caballería con los correspondientes caudillos; dicha caballería se ha dispuesto para la exploración del campo. No damos a Vuestras Mercedes razón individual de la soldadesca de que pueda componerse cada una de las ocho compañías, porque actualmente se está haciendo la lista general.»

Cada cual ha traído para las jornadas cuanto ha podido. En mochilas o zurrones, vienen panelas, quesitos, botellas de aguardiente, terrones de sal, mazos de tabaco, maíz tostado, chicha. No se va mejor aviado a una romería. Los capitanes proveen a los mantenimientos. En el Socorro, de la plata de los diezmos se sacaron mil pesos. Luego, en cada pueblo se toma de las cajas reales lo que es preciso, ocupando los estancos a nombre del común. De todo llevan los capitanes cuenta y razón. Pero la verdad es que la tropa se sostiene a sí misma, y menos con víveres que con entusiasmo. A veces duermen en las plazas o debajo de los árboles con las ropas mojadas. Pero ¿acaso ha sido más acogedor el rancho, por donde se cuelan la lluvia, la luz de las estrellas y la de la Luna brava? Las mujeres van y vienen por los pueblos y estancias, por trochas y caminos, llevando lo que sus manos diligentes pueden recoger para que los rebeldes no mueran de hambre. Cuando no llueve, y el alto se hace a campo abierto, se prenden hogueras, a cuyo amor los huesos se calientan, y sueltan la lengua los menos tímidos, echando al aire coplas obscenas, o simplemente picarescas, sin faltar nunca ni la alusión indecente al visitador, ni los pomposos versos de la cédula en donde se pone de tan mal color a Moreno y Escandón, que irrisoriamente se dice protector de indios:

Lo que hay que temer mayor dolor
en estos hechos de tanta tiranía
es mirar en los indios el rigor
con que lleno de infame villanía,
a la solapa de ser su protector,
los destruye con cruel alevosía.

Poco a poco las voces se acallan. Hechos montones de harapos van durmiéndose los indios. Hay un horrible olor a alpargatas mojadas, a mantas sucias, a sudor, a cabalgaduras. El sueño, sin embargo, de estas jornadas, por estar mecido en esperanzas, es el primer sueño feliz que tienen esos hombres. A pesar de la fatiga, suelen verse sonrisas en los rostros impenetrables de los que duermen. Cuando se tiñe el cielo de rosa, cuando amanece Dios, aquella montonera empieza a moverse, a despertar, a surgir otra vez, amenazante, alegre, enarbolando banderas, lanzando gritos, blandiendo lanzas y rejones: «¡A Santa Fe! ¡A Santa Fe!»

XI. El capitán

«Monstruo de crueldad y objeto de abominación, cuya memoria Jebe ser proscrita y borrada del número de aquellos felices vasallos que han tenido la dicha de nacer en los dominios de un rey el más piadoso, el más benigno.»
La Real Audiencia

Cuando los comuneros llegan a las cercanías de Zipaquirá saben la fuga del regente. Un sentimiento de rabia y despecho conmueve los pueblos. Hay que capturarlo, hacer en su cabeza justicia por los padecimientos de toda la república. Se busca a un hombre resuelto que vaya en su persecución. Instintivamente, los ojos se vuelven hacia José Antonio Galán, cabecilla de los comuneros de Charalá, de quien puede afirmarse que «sobresale como el toro en medio de la vacada». Es un mestizo enorme, vigoroso, de piel no oscurecida por sangre de negro, pero sí tostada por el aire libre. La frente altiva. Su figura es hermosa, curvada apenas la nariz aquilina; negros y brillantes los ojos; veloces las miradas. Es pobre y valeroso, y va en la tropa sin otra ambición que la de hacer libres a los pueblos. Fue el primero en llegar al Puente Real, y quien con los de Charalá cayó antes que ninguno sobre las cajas de la expedición y Osario y De la Barrera. El, quien al ver que iban a robarse la plata, se enfrentó a la plebe y le dijo: «No hemos venido a robar, sino a buscar la libertad: que nadie ponga la mano sobre esta plata puerca del gobierno de Santa Fe.» Los indios le oían casi atemorizados. Que uno de los de abajo hablara tan alto y tan bien, era cosa de poner pasmo. Le seguían como perros. Agitaba al viento la corrosca y con recia voz gritaba: «¡Adentro, los comunes de Charalá! ¡A Santa Fe! ¡A Santa Fe!» Y el agua mansa de la gente se precipitaba detrás de José Antonio Galán, como si él fuera su desnivel y su destino.

Ahí está en Nemocón, entre las primeras, la tropa de Galán. Qué hermosa se impone la figura del cabecilla, sin la papada vulgar de Berbeo, sin la doble actitud de los otros capitanes. Es el héroe, el caudillo. Todos cuantos le siguen ríen sabrosamente con risa de aventureros, de alzados de verdad, de rebeldes de caballería. Así debieron ser aquéllos del alma atravesada que salieron una vez, hace siglos, de España, como bandidos, para empinarse señores en Italia, y acabar en príncipes y papas. Así debieron ser, como

Galán, los primeros Borja. Solo que a Galán no le turba la sensualidad del mando. Ni lucha por hacerse a honores o riquezas. Es el primero en la generación de los libertadores, y no tiene sino un solo ideal para su vida: sacar a los pueblos del vasallaje español. Charalá era poco al lado de la villa del Socorro, y Charalá y su caudillo no hubieran movilizado a toda la república. Pero metidos los de Charalá en el movimiento libertador del Socorro, Galán estaba destinado a destacarse como lo que fue: como el más grande capitán de los rebeldes.

•••

En el campamento se habla mucho de José Antonio Galán. Quienes saben algo de su vida son oídos con atención. La historia y la leyenda se dan la mano para hacer del héroe una biografía fabulosa. Es de los pocos comuneros que han visto el mar, que han vestido el uniforme del batallón Fijo, que tienen un pasado lleno de aventuras. La justicia del rey le ha perseguido porque quiso justicia para los demás. Campesinos pobres de espíritu, que de padres a hijos han pasado los años sin conocer otro horizonte que el que se abre del rincón de la labranza a la plaza del pueblo, miran ahora con respeto y con orgullo a su capitán, que estuvo en Cartagena, hundió el musculado cuerpo entre las aguas verdes del mar, se burló de las armas del rey y reapareció un día, en Charalá, para enseñarle al pueblo cantos de libertad.

Conoció Galán en Cartagena la grandeza militar de España. Cadenas de negros esclavos, prisioneros de toda laya, soldados cogidos por la leva en el territorio neogranadino, levantan las murallas, castillos, y demás defensas de la ciudad, que son las defensas de España en América. El poder de la colonia se concentra en esas piedras, que calienta un Sol terrible. En el puerto se arman nuevas naves, se cosen velas, se tuercen cables, mientras anuncian posibles ataques del enemigo. La imagen del inglés desvela a los oficiales. El Caribe ha sido siempre mar de asaltos. No en vano se le llama Caribe... Filibusteros, bucaneros, piratas ingleses: ¡toda la peste del mar surca sus aguas!

Los sacerdotes del Santo Oficio escarmenan las cartas, las conciencias, los libros. Por Cartagena entra el espíritu maligno. Bajo la piel de oveja de las naves buenas se han visto mil veces los colmillos blanquísimos del lobo.

La colonia se espanta y santigua cada vez que hay noticias. Cualquier cosa puede trocar la docilidad de los siervos en rebeldía. Esclavos, presidiarios, soldados, se pasan voces calladas que nadie alcanza a percibir. ¡Qué nuevo escenario para José Antonio Galán! El, hasta entonces, no había visto el mundo, ni nada diferente al cerco de las montañas, desde el escondido rincón de Charalá.

En el ambiente del puerto se nota algo extraño. ¿Por qué tanto ajetreo en murallas y castillos? ¿Por qué el trabajo sin tregua en la fábrica de pólvora? ¿Qué significa que el virrey se venga de Santa Fe a dirigir las nuevas construcciones militares? ¿Por qué esa nueva carga de impuestos? ¿De la guerra con los ingleses saldrá triunfadora la causa de España? ¿No habrá otras razones de zozobra calladas, escondidas? Se redobla la vigilancia, se agranda el misterio, y en el fondo del misterio —claro está— se ven más cosas de las que la realidad desnuda ofrece a las miradas de los curiosos. Al Norte, la colonia proclamó su independencia de Inglaterra, porque no toleró más nuevos impuestos... No deja de impresionar a letrados y plebeyos la noticia de que el poder colonial de Inglaterra en América ha desaparecido, porque los pueblos se unieron para resistir una serie de providencias semejantes a las que está tomando con la Nueva Granada el visitador regente...

Hay, además, una voz subterránea que da cuenta de que se están alzando los indios. Los comunes protestan contra los nuevos impuestos. En el puesto se habla de la Armada de Barlovento, pero consta a todos que apenas se echan a la mar buquecillos que despluma el viento. El trabajo se hace más rudo, la carga más pesada bajo la verga que los capataces descargan implacable sobre los trabajadores. Se entrevé una esperanza. Tan vaga y tan incierta, que no la define nadie. De la confusión y trastornos que conmueven al mundo inglés y al español, ¿no saldrá un nuevo estatuto para los americanos? Al inglés que ronda la costa se le teme, se le odia. La crónica del puerto pinta a los piratas chorreando sangre, prendiendo fuego a las ciudades, metiendo la mano en el caudal ajeno. Y, sin embargo, hay algo que hace ver con simpatía a estos bandidos. ¿No estarán mirando ellos la posibilidad de resarcir la pérdida de sus colonias extendiendo su comercio por la América española, hoy estancada? No es posible describir esta hora sino llenándola de interrogantes. El cautivo y el esclavo que levantan murallas bajo la mirada del virrey piensan en su libertad a través de todas las preguntas racionales o absurdas que su febril ansiedd sugiere. El poder de España quema en carne viva.

Ahora la brisa del mar refresca. ¿Qué voz nueva trae la rosa de los vientos? ¿Qué acre soplo golpea sobre el rostro curtido de los prisioneros? ¿Qué rayo de Sol galopa sobre los niños de espuma que forman las olas, y hace rebrillar el ojo de los soldados? ¿Qué escuchas tú, José Antonio Galán? ¿Qué hace plegar tus labios en una sonrisa marrullera? En el fondo de la escena se alza la figura de Túpac Amaru...

Galán emprende la fuga y se restituye al hogar.

¡Oh, cadena de imágenes que se eslabona en la mente del fugitivo! La caradura de las murallas; los castillos y fortalezas que se unen por intrincado laberinto de subterráneos; el ojo de piedra de las garitas que anima la fidelidad del centinela; las aguas templadas del mar; las orillas del canal del Dique, en donde todavía resuena el grito de los capataces y la doliente canción de los esclavos; la vena turbia del río grande de la Magdalena; las selvas que cubren el flanco de la cordillera oriental; las noches límpidas y los días diáfanos, y las horas turbias y las horas de cristal: el mundo de la Nueva Granada, por donde se desliza la sombra furtiva de José Antonio Galán.

Saltábale el corazón, batiendo duelos, mientras su ojo febril buscaba el desecho, la penumbra, la trocha, el desfiladero. Las piernas multiplicaban los pasos por regresar a Charalá. Y a le miran sus hermanos emocionados. Y a oyen de labios suyos historias maravillosas. Ya le ven levantarse otra vez en medio de los charalaes, ilusionado, iluminado, duro, bravo, como si Cartagena no hubiera hecho otra cosa que templar su ánimo. Ya está en medio de los comuneros. Y a levantando al pueblo contra los pechos. Y a sublevando a toda la comarca. Ya marchando sobre Santa Fe. José Antonio Galán, ¡capitán de comuneros! ¡De los comuneros de Charalá!

•••

A perseguir al regente irá José Antonio Galán. El general Berbeo le da solemne nombramiento. El pueblo lo ha pedido: «Yo, el capitán general don Juan Francisco Berbeo, pedido por el común, mirando por el bien público y a dirección de él, haciendo preguntas y existiendo las respuestas, si se hallaba por conveniente el mandar a don José Antonio Galán a tierra distante de ésta de Zipaquirá, y solo dijeron que era un hombre pobre, pero de mucho ánimo..., que así lo recibían de capitán comandante... Y siendo mi voluntad, como la del común, otorgo, recibo y confirmo por capitán comandante en el nombre de Dios Todopoderoso y la Emperatriz de los cielos. Dios sea con él, y yo pido al Espíritu Santo que, siguiendo la empresa que tenemos, inspire a don José Antonio Galán, que si así lo hiciere, Dios le ayude, y si no se lo demande, y si no el común y yo.» Y le da cien hombres.

Clávale Galán espuelas al caballo, salen tras él los de su pandilla, y le sigue un rumor de la muchedumbre que es como el «Dios le lleve con vida» que dicen en los ranchos para despedir a quien va de camino. La sabana está hecha un pantano. Los caminos que han dibujado con su ir y venir los indios descalzos, negros caminitos de tierra que culebrean por entre la maleza, los borró el invierno. Solo el aguardiente pone una fina corriente de calor que arde en la garganta con delicia y comunica al cuerpo alcohólica fruición. Asoman a los ranchos las mujeres y la chusma. «Son los comuneros del Socorro», murmuran mentalmente, y agregan: «¡Que Dios les lleve con bien!»

No son muchos los comuneros; pero llevan a la cabeza a Galán y a sus dos hermanos: Hilario y Juan Nepomuceno. Ellos solos levantarán medio virreinato. Su misión consiste en apresar al regente, y romper las comunicaciones entre Cartagena y Santa Fe; pero llevarán, además, un mensaje de los socorreños a todos los comunes. Cuando la tropa llega a Facatativá, el pueblo la aclama. Galán hace la revolución en un instante. A unos pocos que se le oponen los vence y desarma. Destituye las autoridades, toma posesión de los estancos y de las cajas reales, pone todo bajo el cuidado del pueblo y parte camino de la Boca del Monte. En la Boca del Monte están apostados veinticinco hombres de la caballería del rey, que han salido para custodiar las armas y municiones enviadas de Cartagena para Santa Fe. El minúsculo grupo de Galán intima rendición a los veinticinco caballeros, y los veinticinco caballeros le rinden las armas. Es el miedo que sigue gobernando las voluntades. Galán lleva prisioneros a los soldados, y toma las armas y correspondencia oficial, que envía con un propio a Berbeo.

La noticia de los veinticinco caballeros derrotados vuela. Cuando la conoce la Audiencia, monta todo un cuerpo de caballería, para que salga a perseguir a Galán o a impedir que entre a Santa Fe. Muy deprisa, pero con infinito temor, salen los nuevos caballeros, por la vía de Fontibón, hacia Facatativá. A mitad del camino, en Puente Grande, se detienen. Obran, según dicen, por prudencia. Es otra vez el miedo, el maldito miedo.

Galán sigue a Villeta, levanta al común y hace otro tanto de lo de Facatativá. Pasa a Guaduas, en donde, repitiendo los excesos del saqueo, atropella también al alcalde ordinario de esta villa, don Joseph de Acosta, sacándolo con improperio y mano armada del refugio y asilo que la calamidad (otra palabra que significa miedo) le había obligado a tomar. Le roba su tienda y reparte sus efectos, dejando nombrados capitanes... Once bocas de fuego y un par de pistolas enriquecieron a la tropa en Guaduas. En el alto de «El Roble» ha vencido y aprisionado a los conductores del armamento real...

Pero el tiempo vuela, y lo más preciso es detener al regente en su fuga. Galán levanta los pueblos, y sin demora, con su tropa cada día más satisfecha y crecida, toma los desfiladeros de Honda. Desgraciadamente, el galope de los caballos de Galán resuena en todo el valle del Magdalena. «¡Que se entraron los socorreños, que ya llegan los socorreños!», es la voz que se oye en todas partes. Y el visitador regente, avisado a tiempo, arregla de cualquier modo la defensa de la plaza y toma el camino ancho del Magdalena. Un cronista de la época describe la fuga en estos felices términos:

«Conociendo el señor regente que los 400 hombres que tenía armados para su defensa serían del partido de los sublevados, a excepción de unos pocos europeos vecinos del pueblo, les mandó a recoger cautelosamente las armas, y con la mayor precipitación se echó río abajo en una barqueta de a doce, gobernada por tres o cuatro bogas, con solo dos criados, navegando día y noche, sin hacer mansión, de suerte que en cinco días se puso en Cartagena. Siendo lo más extraño que habiendo encontrado al paso parte del destacamento de 500 hombres que mandaba el señor virrey desde aquella plaza, compuesto, en su mayor parte, del regimiento Fijo, no se consideró seguro en el paraje donde le encontró, y así siguió rápidamente, creyendo que aun los caimanes y peces del río se habían vuelto socorreños, con lo que acreditó su valor, que solo tuvo en apariencias mientras tuvo el mando...»

•••

El calor del valle conforta los ánimos. El regente se le ha ido de entre las manos a Galán, pero volver a los páramos de Zipaquirá y Nemaeón no es prospecto que «al capitán» halague ni halague a su tropa. Allá están «los capitanes» y el flemático general Berbeo, haciendo diplomacia, parlamentando con el arzobispo y los lanudos de Santa Fe, es decir: apagando la revolución, Galán llevará la nueva esperanza a los pueblos. Como ha levantado a Facatativá, Piedras, Guaduas y Villeta, levantará a Honda, Beltrán, Mariquita, Coello, Upito, El Espinal y Purificación; encenderá hogueras en todas las provincias, dará libertad a los siervos y a los esclavos, enseñará al pueblo a amar la libertad, gozándola. La sola presencia de Galán en Ambalema sirve para que se levante el común en Honda. El caudillo empieza a tener una fama que dobla la cordillera central y llega hasta los pueblos de Antioquia, en las márgenes del Cauca.

En la provincia de Mariquita son las minas de oro. Ya no bastaban, para esa industria, los indios y blancos, como en las regiones agrícolas de Santander, y una muchedumbre de esclavos negrea en el valle. Estos esclavos oyen el inesperado mensaje de libertad y se levantan bajo la capitanía de Galán, en la finca de Malpaso. Los soldados al entrar en las casonas de los blancos, las hallan sin amo. Los dueños, en fuga precipitada, abandonan en manos de los comuneros aquellas piezas hogareñas, todas de plata y oro, que constituyen el signo de distinción de los señores. Galán recibe con el botín de Malpaso cubiertos y jarros de plata, un mantelete bordado de oro, tapafundas también bordadas de oro, y los arreos de la silla jineta del señor, con estribos y pretal de plata. Pero el comunero no persigue el botín y entrega todo esto al alcalde de Ambalema. A él lo que le interesa es asaltar los estancos y ponerlos en manos del común, terminar con los administradores de la corona, acabar con los pechos y la esclavitud.

Todos los débiles ven en Galán su defensor. Las mujeres son las primeras que le siguen. En la Palma, el alcalde de la ciudad daba cuenta de que, cuando estaba en la casa del señor cura, pasó la tropa para la casa del estanquero, y «trajeron una botija de aguardiente de la plaza, y allí la despendieron, y quien la sacó del estanco fue Bernardino Rangel, por orden y mandato de las mujeres». También en Honda es una mujer quien acaudilla a los alzados. Honda es una ciudad importante. Allí el Magdalena pasa por una estrechura que levanta carneros en las aguas y hace imposible la navegación. Hasta ese puerto llegan los champanes de Cartagena, y por Honda se hace todo el movimiento de carga a Santa Fe. El regente quiso hacer en Honda su torre y cuartel, pero huyó al leer en el aire el pasquín de la revolución. En una noche de julio, la plebe se levanta; las mujeres la empujan hasta las cárceles para poner a los presos en libertad. Los españoles hacen descargas de fusilería que dejan algunos muertos en la calle. La plebe se apresura a recogerlos y los arroja al Gualí, un afluente del Magdalena. Todos a una piden que venga Galán de Ambalema. Galán, que está levantando otros pueblos, manda al capitán Ardila y a los Castañeda, para que le devuelvan al pueblo su reposo. A penas unos frailes franciscanos se acercan a platicar con los revoltosos. Las autoridades tienen carne de gallina.

Se anuncia que en Zipaquirá capituló la Real Audiencia y aceptó íntegras las exigencias de los comuneros. Con las capitulaciones desaparece el impuesto de Armada de Barlovento, se acaba con lo de las guías y tornaguías, la alcabala se reduce a géneros de Castilla, los curas perderán el derecho a cobrar por entierros, nacimientos y matrimonios, y no podrán obligar a los indios a servir de alféreces en las fiestas; al visitador Gutiérrez de Piñeres se le extrañará de la Nueva Granada para España, y si luego el rey envía a cualquier persona con empleo o pretensiones semejantes, «juntaremos todo el reino ligado y confederado, para atajar cualquiera opresión que de nuevo por ningún título ni causa se nos pretenda hacer...»

A todos los pueblos se extiende el anuncio. Cuando en Zipaquirá han capitulado los de la Real Audiencia, es porque las cédulas con que se oprime a los pueblos no existen. Virreyes, oidores, gobernadores, corregidores y frailes han engañado al pueblo. Es imposible que el católico monarca pueda dictar medidas que son manifiestamente inhumanas. La revolución ha penetrado hasta Neiva, y allí también una mujer, Teresa Olaya, encabeza a los comuneros. Teresa reúne en su casa a los conspiradores, con Toribio Zapata, el lunarejo; Gerardo Cardozo, del páramo de RaspaCanillas; Cristóbal Rodríguez, de Purificación... Cuando el gobernador sale a contener el motín, le atraviesa de una lanzada Toribio Zapata. Uno de los compañeros del gobernador dispara en respuesta un escopetazo, que deja en el suelo a Toribio... Los esclavos se levantan en la hacienda de Villa Vieja, que había sido de los jesuitas, amarran y azotan al administrador. «Todos los esclavos están alzados y cantando a boca llena que toda la hacienda les pertenece, como herederos de los padres.» En Caguán y en Aipe se asaltan los estancos. Por el Magdalena empiezan a bajar canoas libres, cargadas de hojas de tabaco.

En Chaparral es el indio Simón Bernate quien encabeza el motín. Quién va a pensar que poco tiempo después, cuando el gobierno traicione a los comuneros y anule las capitulaciones, pedirá el fiscal para Bernate pena ordinaria de ejecución, y que su cabeza se envíe al Chaparral, y allí, en un palo elevado, se exponga al público para que se la vea en leguas a la redonda.

•••

En el Alto. Magdalena el valle es angosto. De Honda a Mariquita y a Ambalema hay un paisaje de montículos que parecen fortalezas. El río grande, entre peñascos, corre veloz y torrentoso. Honda parece surgir directamente de las rocas con sus casas blanqueadas y fuertes, sus callejas retorcidas en donde resuena sobre las piedras el hierro de las mulas. Río arriba, en el valle del Magdalena, los pueblos son blancos y grises, de cal y paja, siempre con la espadaña de la iglesia por cimera. Hay llanos áridos, los del Tolima, en donde el Sol quema diez horas al día y solo se viaja cuando baja el Sol, hasta el anochecer. Todo es ardiente y claro. Los indios no son como los de la cordillera, sino sensuales, peleadores, altivos. La guerra ha sido siempre roja en la llanura, y el nombre de los panches evoca una leyenda de sangre. Antes de la conquista, esos indios vivían de la caza y de la pesca, y en los ratos de ocio modelaban en oro imágenes de guerreros, de pájaros, de ranas... Su voz era suave y musical, vivaz el ojo, certera la flecha; ágiles en el agua; finas y veloces las canoas.

El grito de libertad llena ahora la garganta del río, se mezcla a la voz de las aguas, hierve en la sangre de los mozos. Los negros de las minas encuentran en Galán un valor mágico. Y otra vez se mira al fondo de la historia la sombra remota del rey indio, de Túpac Amaru.

•••

El teniente gobernador de Mariquita, el justicia mayor de Tocaima, narra así su propia historia al real acuerdo:

«Cuando estaba organizando las rentas, me asaltan por distintos caminos más de mil hombres entre llaneros y coyaimas para quitarme la vida y quemar mi casa, en cuyo estado y teniendo orden superior de la real junta para que procediese conforme a las facultades con que me hallase, no tuve otra que la de emprender precipitada fuga, pues llegué a la hacienda de Canoas el día 12, a las seis de la mañana, y a Santa Fe el 13...

«Digo ahora —agrega— que la inocencia está padeciendo los insultos que producen las sublevaciones en robos, fuerzas y temerarios arrojos; las reales rentas, suspensas, sin hacer arbitrios para restablecerlas; la justicia, ultrajada y despreciada; el real sagrado nombre de vuestra real persona, sacrílegamente blasfemado. Dice Jacinto de Arteaga, cabeza del motín en Llano Grande, lo que (captando la venia con el reverente respeto de Vuestra Alteza) manifiestan las palabras siguientes: Viva el rey Inca y mueran los chapetones, que si el rey tiene calzones, yo también los tengo, y si tiene vasallos con bocas de fuego, yo también los tengo, con hondas, que es mejor...

«¡Han enarbolado bandera! ¡Vuestras reales armas, a machetazos, hechas astillas! Las reales administraciones robadas, yo perseguido, mi hacienda robada, la cuadrilla sublevada, mi familia dispersa por las fugas...»

XII. Ambrosio Pisco, rey

«—Señor: si a vuestra merced le parece que no soy de pro para este gobierno, desde aquí le suelto: que más quiero un solo negro de la uña de mi alma, que a todo mi cuerpo; y así me sustentaré Sancho a secas con pan y cebolla como gobernador con perdices y capones; y más, que mientras se duerme, todos son iguales: los grandes y los menores, los pobres y los ricos; y si vuesa merced mira en ello, verá que solo vuesa merced me ha puesto en esto de gobernar: que yo no sé más de gobiernos de ínsulas que un buitre; y si se imagina que por ser gobernador me ha de llevar el diablo, más me quiero ir Sancho al cielo que gobernador al infierno.»

Cervantes

Del pueblo de Güepsa sale, como de costumbre, el indio Ambrosio Pisco, arreando una recua de mulas que van cargadas de azúcar. Algo supo en el pueblo de las alteraciones de los comuneros, pero no les ha hecho mayor caso. Pasa de los cuarenta años, carece de inquietudes y vive entregado al tráfico de artículos del país. Es más rico que muchos de los criollos. En Güepsa tiene hacienda bien vestida de ganados y mulas; en Moniquirá, tienda de géneros, y tienda también en Santa Fe. Ahora lleva unas cargas de azúcar para venderlas a la capital. Seguramente en las alforjas van talegas repletas de reales. Tendrá que pagarle a Manuel Páez cuatrocientos pesos de mercancías. Pero ahí están, para responder, cincuenta novillos que le compró a José Antonio Ugarte, y que, para más señas, se los pagó a siete pesos cada uno. Metida la carrasca hasta las orejas, con la ruana que usan los ricos, piensa en la hacienda. Sus ojillos vivaces y marrulleros están diciendo claramente que no tiene nada de español. Es el indio Ambrosio, y nada más.

Cuando Ambrosio toma el camino de Zipaquirá se encuentra con la avanzada de los comuneros. Jamás vio tan revuelta a su gente. Y a en el Perú el inca Túpac Amaru levantó a los indios contra los chapetones que despojaron a sus padres de la tierra. Aquí también hay que hacer lo mismo; no es posible tolerar más robos como el de las salinas. Las salinas fueron patrimonio indiscutido de los chibchas desde el tiempo de los conquistadores. Cuando los indios ven a Ambrosio, regordete, encumbrado, piensan que le pertenece el cacicazgo de Bogotá. En la confusa mente de la muchedumbre prende una idea: aquí está nuestro señor natural: Ambrosio Pisco, cacique de Bogotá, señor de Chía, muy más dueño de nosotros que don Carlos III y sus virreyes. La idea se expande y al paso de Ambrosio salen pueblos que le aclaman, encienden cohetes y le ofrecen sus servicios.

Felipe Pisco, hermano de Ambrosio, fue cacique de Bogotá, y Ambrosio es tío carnal del único heredero del cacicazgo, mozo apenas de dieciocho años. En la mente de todos está y en la del mismo Ambrosio. Jamás hubiera pensado él, sin embargo, en que repentinamente su sangre, casi real, le colocara en trance de gobernar. El pueblo le rodea y aclama. Cuando llega a Nemacón, aquello pasa a ser apoteosis. Quiénes baten palmas y le vivan, quiénes se acercan hasta su cabalgadura y le besan los estribos en la señal de homenaje, quiénes le dicen «Libertador» y ofrecen tributo. A los que le anuncian vasallajes les perdona el tributo. Berbeo le distingue con encargos importantes. Chía, el pueblo de la Luna, en donde dos o tres siglos antes se recogían a orar y a educar a sus hijos los señores del reino de los zipas, pone su nombre como escudo en el blasón del indio Ambrosio.

En torno de Ambrosio florecen los apellidos de los chibchas: a Antonio Chosmoque le dirige una carta que firma: «Ambrosio Pisco, señor de Chía y cacique de Bogotá»; al indio Manuel Tíbara le anuncia que por un año perdonará el tributo a los indios. Juan Coyaima dice que los indios se sublevan a no pagar tributos porque tienen a Pisco por su cacique y señor natural. El chasqui es Salvador Furque. Pisco, Chosmoque, Tíbara, Coyaima, Furque: he aquí los gentilicios chibchas que empiezan a remozar en los anales del pueblo la memoria de sus mayores, del ayllu chibcha.

Berbeo sabe que Ambrosio Pisco es quien puede regular la marcha de los indios sobre la capital. Berbeo en Zipaquirá se siente a las puertas de Santa Fe, y duda. Su atrevimiento es solo fruto del empuje popular. Por otra parte, al entablar negociaciones se establece un compromiso expreso de no marchar sobre Santa Fe de ver si se llega a un acuerdo. Berbeo da a Ambrosio comisión para que pase a Santa Fe a contener el orgullo de los que pretendan invadirla, «poniendo en caso necesario dos horcas: una en la entrada de los recoletos de San Diego y otra en la Plaza de San Victorino».

Ambrosio acepta la comisión, pero en vez de seguir hasta Santa Fe se queda en Suba, cauteloso.

Al llegar a este punto del relato, ocurre una duda. ¿A quién le vino la idea de las horcas? ¿Fue a Berbeo, o al enviado de Santa Fe, señor Pey? ¿O ya Berbeo se está doblando para servir de instrumento a la Real Audiencia? En una carta de Pey al oidor Osario, le dice: «Se han doblado las prevenciones y providencias. Una de éstas es haber comisionado a don Ambrosio Pisco para que con todos los indios de su devoción que pueda juntar procure no solo impedir la marcha de dichos sublevados, sino también el apresarlos y remitirlos a estas cárceles, obrando con todo rigor en lo necesario.»

•••

Ambrosio Pisco es sencillo, trabajador, seguramente bueno. En Santa Fe se le conoce bien: cuántas veces se le ha visto detrás del mostrador, en su tienda de la calle Real, en mangas de camisa de lienzo, vendiendo cordobanes y cajas de conservas. Y azúcar blanca, alfandoques y costales. Y confites, badanas, redecillas y zapatos. Y panela, manteles, fajas de lana, gorros de algodón, jabón, peines de alfileres, botones de similar, candados de golpe, hilo, chocolate labrado... ¿De qué no hay en la tienda del indio Ambrosio? Fajuelas de azufre, velas de sebo, frascos de vino, arroz, jáquimas, pretales, azuelas, inciensos; todo se ve y mira, todo se vende y revende entre tragos de aguardiente y regateos.

Cuando se sabe en la Audiencia que Ambrosio se ha proclamado cacique de Bogotá y señor de Chía, y se anuncia que los indios le reconocen como a su soberano, no hay sorpresa entre los oidores y el público, porque el tiempo no es para sorpresas, pero sí las señoras y los caballeros se persignan, y con aspavientos se miran y se dicen: «¡Es el colmo!» Y, efectivamente, es el colmo.

El problema de Pisco, en tanto, es afligidor. Recibe el obsequio de los indios porque a ello le obliga el signo de su estirpe. Tal vez porque quiere verlos exentos de pagar tributo a España y encontrarlos otra vez dueños de sus tierras; Pero mientras atiende a estos reclamos de su conciencia, la propia hacienda se le cae de entre las manos. Es cierto que los indios le ofrecen tributo, pero esto no se ve claro ni es seguro. En cambio Ambrosio es quien vigila siempre la tienda. Hasta altas horas de la noche se queda, alumbrándose con una vela de sebo, haciendo caja y repasando el producto de las ventas del día. El es quien ve que las mulas estén herradas. El quien les soba las patas con manteca cuando dan un mal paso. El quien guarda las enjalmas, sillas y aparejos en las posadas. El echa sal a las vacas. Si Ambrosio se desatiende de estas cosas, hato, recua, tienda, potrero, ¡todo se irá a pique!

•••

Para seguir con algún orden en la vida de Ambrosio Pisco conviene anticipar el relato de algunos hechos. Situémonos en el tiempo de los parlamentos de paz. En Zipaquirá se han reunido, con los capitanes de los comuneros, el arzobispo, un alcalde de Santa Fe, comisionados de la Audiencia, para pactar capitulaciones. El pueblo formula demandas sin límite. Los comisionados del gobierno ceden. Se plantea la cuestión de los indios. Berbeo hace el reclamo que han redactado los del común de Tunja, y pide justicia para el indio que, viviendo —dice— en la más deplorable miseria, difícilmente podrá compararse con el más desventurado anacoreta por la estrechez de su vestuario y su comida, «porque sus limitadas luces y tenues facultades de ningún modo alcanzan a satisfacer el crecido tributo que se les exige con tanto apremio, sacándoles los corregidores los tributos con tanto rigor que no es creíble, a lo que concurren los curas por el interés de sus asignados estipendios».

Pide Berbeo que toda la contribución que paguen los indios sea la de cuatro pesos anuales y dos los mulatos requintados, y que los curas no les extorsionen, que no les exijan dinero por una lista interminable de derechos por subvenciones de óleos, entierros y casamientos, que no les obliguen con el nombramiento de alféreces para las fiestas... El indio a quien se nombra alférez consume en obsequios para el cura y la iglesia íntegro el fruto que le dejan libre las contribuciones, y aun se esclaviza de por vida para cubrir luego las deudas. «En caso de que no haya devotos que se pidan ser alférez de las fiestas —dicen las capitulaciones—, que las costeen las cofradías.»

Se reclama también la devolución de las tierras de los resguardos de indios. «Que los resguardos que al presente posean ellos les queden, no solo en el uso, sino en cabal propiedad para poder usar de ellos como tales dueños.»

Cuando todas estas quejas se precisan por Berbeo, a nombre de los indios, no sabe cómo entendérselas con el arzobispo ni los representantes de la autoridad civil. La totalidad del edificio colonial se desploma. La economía de los curas y de los corregidores queda herida de muerte. La vasta empresa de explotación que España ha fundado se borra de una plumada, y desaparece la servidumbre feudal en que la colonia basa su sistema. No saben cómo explicar estas cosas a los del común los representantes de la Real Audiencia, y toda dilación no hace sino exasperar al pueblo que, impaciente, brama en la plaza, mientras los negociadores dialogan en una estrecha sala. Al fin, alguno propone que todo esto se arregle entre el indio Ambrosio y el fiscal, y que se pase a los otros puntos de las capitulaciones. Así se conviene. Los golillas y el arzobispo descansan. Por dentro deben morir de risa estos españoles, pensando en que se han comido vivos, con esta farsa, a los comuneros.

Ambrosio, desde Suba, sabe el fruto de estos acuerdos. Las capitulaciones empiezan a circular, y en ellas se reconoce cuánto piden los pueblos. La figura del indio crece como espuma. A —dondequiera que llega le rinden homenajes. En Nemocón, Ambrosio promete quitar la administración de la salina y dejarla al arbitrio de los indios. Felipa Morales, india rica y principal, ofrece al «Libertador» ocho días de cocimiento de sal en retorno del privilegio. Ambrosio rehúsa el ofrecimiento. Hay quienes dicen que Ambrosio ha prometido de su caudal recuperar la salina de los españoles. El, como es claro, lo niega. Solo ha dicho que a los indios se les devolverá su salina.

El asunto de la salina termina en revolución local. Puede decirse que dos siglos llevaban los nemocones de reclamar su derecho a ese bien que constituyó, para el antiguo reino de los zipas, el eje de su vida. El súbito cambio que ahora toma la colonia despierta una alegría loca en el pueblo. Quedan «todos insolentados, insultando al administrador y teniente corregidor don Juan Raimundo Cabrera, perdiendo absolutamente el freno de la obediencia y pretendiendo poner fuego a todo el pueblo, con particularidad a la casa del administrador, como lo ejecutaron la noche del primero de septiembre, abrasándose la casa de la administración, sin que pudiera salvar sino los libros y papeles; por la prontitud, y las personas de la familia del administrador, sacando uno de los testigos al niño de pechos, después de embravecido el fuego...»

Naturalmente, los indios no incendian la casa de buenas a primeras. Ya se sentían dueños de lo suyo y habían recuperado sus salinas, cuando tuvo a bien Santa Fe enviar la tropa para que los redujese de nuevo a servidumbre: así empezaba a moverse la máquina de la colonia, una vez recobrada del susto, contra las capitulaciones. El ejército de Cartagena volvía a la capital para imponer el orden y restablecer las cosas a su estado primitivo. Mientras los indios se dispersaban al regreso de Zipaquirá para llevar a la tierra la noticia de su victoria, el gobierno de Cartagena se movía silenciosa pero eficazmente para borrar con sangre y fuego lo que se había jurado sobre los evangelios en Zipaquirá.

El ejército llega a Nemocón. Los indios lo reciben a piedra. Dos soldados resultan heridos. Abren fuego los de España, y los indios responden con gritos, amenazas, guijarros. Al fin, triunfa la fuerza. Los indios huyen a los montes, después de prender fuego a la casa del administrador. Sobre las calles se recogen los cadáveres de cinco indios. Se les despedaza en cuartos por el carnicero, a fin de utilizar estos trofeos y exhibirlos. En cinco cajas se acomodan las cinco cabezas y se envían a Santa Fe. Las autoridades reciben esta mercancía, se abren las cajas, se sacan las cabezas, se colocan en jaulas y se destinan a las entradas de los caminos públicos para que sirvan de escarnio.

•••

Pisco no estaba entonces en Nemocón. Dejó a sus indios, para venir a Santa Fe. Con el retardo ocasionado por las sublevaciones, encuentra que el negocio ha perdido algo de su ordinario auge. Rápidamente revisa la tienda, ve los novillos, habla con deudores y acreedores. Piensa que ganará un poco más como cacique de Bogotá y señor de Chía. Después de todo, las capitulaciones han mejorado la condición de los indios, y él es el primero entre todos. Con alguna zozobra sabe que se han enviado fuerzas del ejército a Nemocón, pero la atención de la tienda no le deja espacio para reflexionar sobre estas cuestiones de la política, que, después de todo, poco le interesan. No es sino un mercader, nada más que un mercader.

En casa de Rosa López se aloja Ambrosio. Tiene tratos con Rosa: cuestiones de la tienda, los novillos, y nada más. Goza de crédito, y Rosa López guarda algunos ahorros. Ahora, Ambrosio le está debiendo ciento setenta y nueve pesos. Mientras dialogan sobre estas cosas, sentados en la mesa, en Nemocón los indios se baten heroicamente. La Real Audiencia y el jefe militar de la plaza se mueven a la reconquista. Santa Fe tiene un ejército. Cuando Ambrosio y Rosa López conversan, entra de súbito la justicia del rey. «De parte del rey, daos preso, Ambrosio Pisco.» El indio apenas si hace un gesto de sorpresa. Sabe lo que esto significa. Se levanta tranquilo y calla. Le dirá dos o tres cosas a Rosa López: que ya le pagará los ciento setenta y nueve pesos, que lo de don Juan, que lo de don Pedro. Busca el sombrero y alarga las muñecas para que le impongan esposas y conduzcan a la cárcel. Los soldados, de paso, ponen las manos sobre los dos jarros de plata en donde están bebiendo Rosa y Ambrosio. Robo legal, porque lo hace la justicia.

Cuando Ambrosio se ve delante de quienes han de juzgarle, se expresa con tanta ingenuidad y sencillez que los españoles no encuentran en semejante tipo madera para prender una revolución, pero ni siquiera un fogoncillo. Ambrosio dice que en Güepsa los sublevados quisieron hacerlo capitán, amenazándole en su vida y hacienda, y que ante la inminencia de verse comprometido, se escondió con algunos de sus bienes. Y que mientras trataba de estas cosas con las autoridades del rey, los comuneros se pusieron en marcha para quitarle la vida si no los acompañaba. Su duda y zozobra se resolvieron ante el mayor peligro que le amenazaba, y echó a caminar con los indios, sirviéndoles de pantalla y recibiendo el homenaje de los pueblos... Esa es toda su historia.

Con desgano, y apenas como por llenar una fórmula, el fiscal, al final del expediente, acusa al mencionado indio Ambrosio Pisco de traidor, aleve usurpador de la real jurisdicción y soberanía, y de haberse apartado de las obligaciones de vasallo, dando obediencia a las cabezas de sedición para aclamarse príncipe de Bogotá, señor de Chía y cacique de las provincias que pensaba gobernar, incluida la de Funza, etc. «Se deduce el espíritu de conspirar contra la soberanía, que le hace reo de las majestades y digno de que se le imponga la pena ordinaria de la ley, y que se ejecute en su persona y bienes, para que la causa pública quede vindicada y sirva de escarmiento...» Era lo menos que podía pedir un fiscal que en algo se estimase.

Dejemos en este punto la historia de Ambrosio, y volvamos a Zipaquirá para saber cómo fue lo de las capitulaciones.

Libros a la carta

A la carta es un servicio especializado para

empresas,

librerías,

bibliotecas,

editoriales

y centros de enseñanza;

y permite confeccionar libros que, por su formato y concepción, sirven a los propósitos más específicos de estas instituciones.

Las empresas nos encargan ediciones personalizadas para marketing editorial o para regalos institucionales. Y los interesados solicitan, a título personal, ediciones antiguas, o no disponibles en el mercado; y las acompañan con notas y comentarios críticos.

Las ediciones tienen como apoyo un libro de estilo con todo tipo de referencias sobre los criterios de tratamiento tipográfico aplicados a nuestros libros que puede ser consultado en linkgua-digital.com.

Linkgua edita por encargo diferentes versiones de una misma obra con distintos tratamientos ortotipográficos (actualizaciones de carácter divulgativo de un clásico, o versiones estrictamente fieles a la edición original de referencia).

Este servicio de ediciones a la carta le permitirá, si usted se dedica a la enseñanza, tener una forma de hacer pública su interpretación de un texto y, sobre una versión digitalizada «base», usted podrá introducir interpretaciones del texto fuente. Es un tópico que los profesores denuncien en clase los desmanes de una edición, o vayan comentando errores de interpretación de un texto y esta es una solución útil a esa necesidad del mundo académico.

Asimismo publicamos de manera sistemática, en un mismo catálogo, tesis doctorales y actas de congresos académicos, que son distribuidas a través de nuestra Web.

El servicio de «libros a la carta» funciona de dos formas.

1. Tenemos un fondo de libros digitalizados que usted puede personalizar en tiradas de al menos cinco ejemplares. Estas personalizaciones pueden ser de todo tipo: añadir notas de clase para uso de un grupo de estudiantes,

introducir logos corporativos para uso con fines de marketing empresarial, etc. etc.

2. Buscamos libros descatalogados de otras editoriales y los reeditamos en tiradas cortas a petición de un cliente.

www.ingramcontent.com/pod-product-compliance
Lightning Source LLC
LaVergne TN
LVHW051542170726
843492LV00006B/1900